LE MIE TORTE PREFERITE 2021

RICETTE GUSTOSE PER OGNI OCCASIONE

CATERINA FERRARIS

Sommario

Crostate Alla Crema 8

Tartellette danesi alla crema 9

Tartellette Alla Frutta 10

Crostata Genovese 12

Torta Allo Zenzero 13

Crostata Di Marmellata 14

Torta Di Pecan 15

Torta Di Mele E Pecan 16

Torta Gainsborough..17

Crostata al limone...18

Tartellette Al Limone 19

Crostata all'arancia 20

Crostata Di Pere...21

Torta Di Pere E Mandorle 22

Torta Reale all'Uvetta 24

Crostata di uvetta e panna acida...26

Costata di fragole..27

Crostata di melassa...29

Crostata Di Noci E Melassa 30

Torta Amish Shoo-fly 31

Delizia alla crema pasticcera Boston 32

Torta Bianca Americana 33

Torta americana al latticello..35

Torta caraibica allo zenzero e rum 36

Torta sacher 37

Torta di frutta al rum caraibico 39

Torta Danese Al Burro 41

Torta Danese Al Cardamomo 42

Gâteau Pithiviers 43

Galette des Rois 44

Crème Caramel 45

Gugelhopf 46

Gugelhopf al cioccolato 48

Stollen 50

Stollen alla mandorla 52

Stollen al pistacchio 54

Baklava 56

Turbinio di Stressel Ungherese 57

Panforte 59

Torta Con Nastri Di Pasta 60

Torta di Riso all'Italiana con Grand Marnier 61

Pan di Spagna Siciliano 62

Torta Di Ricotta Italiana 64

Torta Noci e Mascarpone 65

Torta Di Mele Olandese 66

Torta Semplice Norvegese 67

Kransekake norvegese 68

Torte portoghesi al cocco 69

Torta Scandinava 70

Biscotti Hertzog sudafricani 71

Torta Basca 72

Gâteau della Foresta Nera 74

Gâteau Cioccolato e Mandorle 75

Cheesecake al cioccolato Gâteau 76

Gâteau al cioccolato fondente 78

Gâteau di carruba e menta 80

Gâteau al caffè freddo 81

Anello Caffè e Noci Gâteau 82

Gâteau danese al cioccolato e crema pasticcera 84

Gâteau di frutta 86

Savarin alla frutta 87

Torta a strati allo zenzero 89

Gâteau, uva e pesche 90

Gâteau al limone 92

Marron Gâteau 93

Millefoglie 95

Gâteau all'arancia 96

Gâteau di marmellata di arance a quattro piani 97

Gâteau di noci pecan e datteri 99

Gâteau di prugne e cannella 101

Gâteau a strati di prugne 102

Torta a righe arcobaleno 104

Gâteau St-Honoré 106

Choux di fragole 108

Gâteau di frutta alle fragole 109

Torta spagnola imbevuta di malaga 110

Torta di Natale 111

Crostate Alla Crema

fa 12

225 g/8 oz di pasta frolla

15 ml/1 cucchiaio di zucchero semolato (superfino)

1 uovo, leggermente sbattuto

150 ml/¼ pt/2/3 tazza di latte caldo

Un pizzico di sale

Noce moscata grattugiata per spolverare

Stendete la pasta frolla e usatela per foderare 12 stampini per tartellette profondi (teglie). Mescolare lo zucchero nell'uovo, quindi incorporare gradualmente il latte tiepido e il sale. Versare il composto nei pirottini (gusci di torta) e spolverare con noce moscata. Cuocere in forno preriscaldato a 200°C/400°F/gas mark 6 per 20 minuti. Lasciar raffreddare negli stampini.

Tartellette danesi alla crema

fa 8

200 g/7 oz/scarsa 1 tazza di burro o margarina

250 g/9 oz/2¼ tazze di farina normale (per tutti gli usi)

50 g/2 oz/1/3 tazza di zucchero a velo (confettieri), setacciato

2 tuorli d'uovo

1 quantità di ripieno di crema pasticcera danese

Strofinare il burro o la margarina nella farina e nello zucchero fino a ottenere un composto simile al pangrattato. Lavorare i tuorli d'uovo fino a quando non saranno ben amalgamati. Coprire con pellicola (involucro di plastica) e mettere in frigo per 1 ora. Stendete i due terzi della pasta frolla (pasta) e usatela per rivestire gli stampini per tartellette (teglie per polpette) imburrati. Farcire con il ripieno di crema pasticcera. Stendete la restante pasta frolla e ritagliate i coperchi per le crostate. Inumidire i bordi e premerli insieme per sigillare. Cuocere in forno preriscaldato a 200°C/400°F/gas mark 6 per 15-20 minuti fino a doratura. Lasciar raffreddare negli stampini.

Tartellette Alla Frutta

fa 12

75 g/3 oz/1/3 tazza di burro o margarina, a dadini

175 g/6 oz/1½ tazze di farina (per tutti gli usi)

45 ml/3 cucchiai di zucchero semolato (superfino)

10 ml/2 cucchiaini di scorza d'arancia finemente grattugiata

1 tuorlo d'uovo

15 ml/1 cucchiaio di acqua

175 g/6 oz/¾ tazza di crema di formaggio

15 ml/1 cucchiaio di latte

350 g/12 oz di frutta mista come uva senza semi tagliata a metà, spicchi di mandarino, fragole a fette, more o lamponi

45 ml/3 cucchiai di marmellata di albicocche (conserva), setacciata (filtrata)

15 ml/1 cucchiaio di acqua

Strofinare il burro o la margarina nella farina fino a ottenere un composto simile al pangrattato. Incorporare 30 ml/2 cucchiai di zucchero e metà della scorza d'arancia. Aggiungere il tuorlo d'uovo e l'acqua quanto basta per impastare fino ad ottenere un impasto morbido. Avvolgere nella pellicola (involucro di plastica) e raffreddare per 30 minuti.

Stendere la pasta (pasta) ad uno spessore di 3 mm/1/8 su una superficie leggermente infarinata e utilizzare per foderare 12 stampini per barquette (a forma di barchetta) o per tartellette. Coprire con carta da forno (cerata), riempire con fagioli e cuocere in forno preriscaldato a 190°C/375°F/gas mark 5 per 10 minuti. Togliete carta e fagioli e infornate per altri 5 minuti fino a doratura. Lasciare raffreddare negli stampini per 5 minuti, quindi capovolgere su una gratella per completare il raffreddamento.

Montate il formaggio con il latte, lo zucchero rimasto e la scorza d'arancia fino ad ottenere un composto omogeneo. Versare nei pirottini (gusci di torta) e adagiare sopra la frutta. Scaldare la marmellata e l'acqua in un pentolino finché non si saranno ben amalgamati, quindi spennellare la frutta per glassarla. Raffreddare prima di servire.

Crostata Genovese

Per una crostata di 23 cm/9

100 g/4 oz di pasta sfoglia

50 g/2 oz/¼ tazza di burro o margarina, ammorbidito

75 g/3 oz/1/3 tazza di zucchero semolato (superfino)

75 g/3 oz/¾ tazza di mandorle, tritate

3 uova, separate

2,5 ml/½ cucchiaino di essenza di vaniglia (estratto)

100 g/4 oz/1 tazza di farina (per tutti gli usi))

100 g/4 oz/2/3 tazza di zucchero a velo (confettieri), setacciato

Succo di ½ limone

Stendete la pasta frolla su un piano leggermente infarinato e usatela per rivestire una tortiera da 23 cm/9. Bucherellate tutto con una forchetta. Montare il burro o la margarina e lo zucchero semolato fino a ottenere un composto chiaro e spumoso. Incorporare gradualmente le mandorle, i tuorli e l'essenza di vaniglia. Incorporare la farina. Montare gli albumi a neve ben ferma, quindi incorporarli al composto. Versare nella tortiera (guscio di torta) e cuocere in forno preriscaldato a 190°C/375°F/gas mark 5 per 30 minuti. Lasciar raffreddare per 5 minuti. Frullare lo zucchero a velo con il succo di limone e spalmare sulla superficie della crostata.

Torta Allo Zenzero

Per una crostata di 23 cm/9

225 g/8 oz/2/3 tazza di sciroppo d'oro (mais chiaro)

250 ml/8 fl oz/1 tazza di acqua bollente

2,5 ml/½ cucchiaino di zenzero macinato

60 ml/4 cucchiai di zenzero cristallizzato (candito) tritato finemente

30 ml/2 cucchiai di amido di mais (amido di mais)

15 ml/1 cucchiaio di crema pasticcera in polvere

1 custodia base per crostata in spugna

Portare a ebollizione lo sciroppo, l'acqua e lo zenzero macinato, quindi aggiungere lo zenzero cristallizzato. Mescolare la farina di mais e la crema pasticcera in una pasta con un po' d'acqua, quindi unirla al composto di zenzero e cuocere a fuoco basso per qualche minuto, mescolando continuamente. Versate il ripieno nella tortiera (guscio) e lasciate raffreddare e rapprendere.

Crostata Di Marmellata

fa 12

225 g/8 oz di pasta frolla

175 g/6 oz/½ tazza di marmellata soda o intera (conserva)

Stendete la pasta frolla (pasta) e usatela per foderare uno stampo da ciambella imburrato (tortiera). Dividere la marmellata tra le crostate e cuocere in forno preriscaldato a 200°C/400°F/gas mark 6 per 15 minuti.

Torta Di Pecan

Per una crostata di 23 cm/9

225 g/8 oz di pasta frolla

50 g/2 oz/½ tazza di noci pecan

3 uova

225 g/8 oz/2/3 tazza di sciroppo d'oro (mais chiaro)

75 g/3 oz/1/3 tazza di zucchero di canna morbido

2,5 ml/½ cucchiaino di essenza di vaniglia (estratto)

Un pizzico di sale

Stendere la pasta (pasta) su una superficie leggermente infarinata e utilizzare per foderare uno stampo da crostata di 23 cm/9 imburrato. Coprire con carta da forno (cerata), riempire con fagioli e cuocere alla cieca in forno preriscaldato a 190°C/375°F/gas mark 5 per 10 minuti. Eliminate la carta e i fagioli.

Disporre le noci pecan in un modello attraente nella custodia per pasticceria (guscio di torta). Sbattere le uova fino a renderle chiare e spumose. Unire lo sciroppo, poi lo zucchero e continuare a sbattere finché lo zucchero non si sarà sciolto. Aggiungere l'essenza di vaniglia e il sale e sbattere fino a che liscio. Versare il composto nella teglia e cuocere in forno preriscaldato per 10 minuti. Ridurre la temperatura del forno a 180°C/350°F/gas mark 4 e cuocere per altri 30 minuti fino a doratura. Lasciar raffreddare e rassodare prima di servire.

Torta Di Mele E Pecan

Per una crostata di 23 cm/9

2 uova

350 g/12 oz/1½ tazze di zucchero semolato (superfino)

50 g/2 oz/½ tazza di farina (per tutti gli usi)

10 ml/2 cucchiaini di lievito per dolci

Un pizzico di sale

100 g di mele da cucina (crostate), sbucciate, private del torsolo e tagliate a dadini

100 g/4 oz/1 tazza di noci pecan o noci

150 ml/¼ pt/2/3 tazza di panna montata

Sbattere le uova fino a renderle chiare e spumose. Incorporare tutti gli altri ingredienti, tranne la panna, uno alla volta nell'ordine indicato. Versare in una tortiera da 23 cm/9 imburrata e infarinata (teglia) e cuocere in forno preriscaldato a 160°C/325°F/gas 3 per circa 45 minuti fino a quando saranno ben lievitati e dorati. Servire con la crema.

Torta Gainsborough

Fa una crostata da 20 cm/8 in

25 g/1 oz/2 cucchiai di burro o margarina

2,5 ml/½ cucchiaino di lievito in polvere

50 g/2 oz/¼ tazza di zucchero semolato (superfino)

100 g/4 oz/1 tazza di cocco disidratato (grattugiato)

50 g/2 oz/¼ tazza di ciliegie glacé (candite), tritate

2 uova, sbattute

Sciogliere il burro, quindi unire gli altri ingredienti e versare in una tortiera (stampo) imburrata e infarinata di 20 cm/8. Cuocere in forno preriscaldato a 180°C/350°F/gas mark 4 per 30 minuti fino a quando risulta elastico al tatto.

Crostata al limone

Per una crostata da 25 cm/10

225 g/8 oz di pasta frolla

100 g/4 oz/½ tazza di burro o margarina

4 uova

Buccia grattugiata e succo di 2 limoni

100 g/4 oz/½ tazza di zucchero semolato (superfino)

250 ml/8 fl oz/1 tazza di panna doppia (pesante)

Foglie di menta per decorare

Stendere la pasta (pasta) su una superficie leggermente infarinata e utilizzare per rivestire una tortiera (teglia) di 25 cm/10. Bucherellate la base con una forchetta. Coprire con carta da forno (cerata) e riempire con i fagioli. Cuocere in forno preriscaldato a 200°C/400°F/gas mark 6 per 10 minuti. Togliete carta e fagioli e rimettete in forno per altri 5 minuti fino a quando la base non sarà asciutta. Ridurre la temperatura del forno a 160°C/325°F/gas mark 3.

Sciogliere il burro o la margarina, quindi lasciar raffreddare per 1 minuto. Sbattere le uova con la scorza e il succo di limone. Sbattere il burro, lo zucchero e la panna. Versate sulla base di pasta frolla e infornate a temperatura ridotta per 20 minuti. Lasciar raffreddare, poi raffreddare prima di servire, decorando con foglioline di menta.

Tartellette Al Limone

fa 12

225 g/8 oz/1 tazza di burro o margarina, ammorbidito

75 g/3 oz/½ tazza di zucchero a velo (confettieri), setacciato

175 g/6 oz/1½ tazze di farina (per tutti gli usi)

50 g/2 oz/½ tazza di amido di mais (amido di mais)

5 ml/1 cucchiaino di scorza di limone grattugiata

Per la farcitura:
30 ml/2 cucchiai di cagliata di limone

30 ml/2 cucchiai di zucchero a velo (per confettieri), setacciato

Mescolare tutti gli ingredienti della torta fino a renderla morbida. Versare in una sac a poche e convogliare in modo decorativo in 12 pirottini di carta posti in uno stampo per ciambelle (tortiera). Cuocere in forno preriscaldato a 180°C/350°F/gas mark 4 per 20 minuti fino a doratura. Lasciar raffreddare leggermente, quindi adagiare un cucchiaio di lemon curd sopra ogni torta e spolverare con zucchero a velo.

Crostata all'arancia

Per una crostata di 23 cm/9

1 custodia base per crostata in spugna

400 ml/14 fl oz/1¾ tazze di succo d'arancia

150 g/5 oz/2/3 tazza di zucchero semolato (superfino)

30 ml/2 cucchiai di crema pasticcera in polvere

15 g/1 cucchiaio di burro o margarina

15 ml/1 cucchiaio di scorza d'arancia grattugiata

Qualche fetta di arancia candita (facoltativo)

Preparare la custodia base del pan di spagna (guscio). Durante la cottura, mescolare 250 ml/8 fl oz/1 tazza di succo d'arancia con lo zucchero, la crema pasticcera e il burro o la margarina. Portare il composto a ebollizione a fuoco basso e cuocere a fuoco lento finché non diventa trasparente e denso. Unire la scorza d'arancia. Non appena il flan esce dal forno, versare il succo d'arancia rimasto, quindi versare il ripieno di arancia nello sformato e lasciare raffreddare e rapprendere. Decorate a piacere con fettine di arancia candita.

Crostata Di Pere

Fa una crostata da 20 cm/8 in

1 quantità Pâte Sucrée

Per il ripieno:

150 ml/¼ pt/2/3 tazza di panna doppia (pesante)

2 uova

50 g/2 oz/¼ tazza di zucchero semolato (superfino)

5 pere

Per la glassa:

75 ml/5 cucchiai di gelatina di ribes rosso (conserva trasparente)

30 ml/2 cucchiai di acqua

Una spruzzata di succo di limone

Stendete la pate sucrée e usatela per foderare uno stampo da plumcake (teglia) di 20 cm/8. Coprire con carta da forno (cerata) e riempire con fagioli e cuocere in forno preriscaldato a 190°C/375°F/gas mark 5 per 12 minuti. Sfornare, togliere la carta e i fagioli e lasciar raffreddare.

Per fare il ripieno, mescolate la panna, le uova e lo zucchero. Sbucciate e private del torsolo le pere e tagliatele a metà per il lungo. Metti la parte tagliata verso il basso e affetta quasi fino al centro delle pere, ma lasciandole ancora intatte. Disporre nella custodia della crostata (shell). Versare sopra la crema e cuocere in forno preriscaldato a 190°C/375°F/gas mark 4 per 45 minuti, coprendo con carta da forno (cerata) se si scurisce prima che la crema si rapprenda. Lasciare raffreddare.

Per preparare la glassa, sciogliere in un pentolino la gelatina, l'acqua e il succo di limone fino a quando non si saranno amalgamati. Spennellare la frutta mentre la glassa è calda, quindi lasciare solidificare. Servire lo stesso giorno.

Torta Di Pere E Mandorle

Fa una crostata da 20 cm/8 in

Per la pasta (pasta):

100 g/4 oz/1 tazza di farina (per tutti gli usi))

50 g/2 oz/½ tazza di mandorle tritate

50 g/2 oz/¼ tazza di zucchero semolato (superfino)

75 g/3 oz/1/3 tazza di burro o margarina, a dadini e ammorbiditi

1 tuorlo d'uovo

Qualche goccia di essenza di mandorle (estratto)

Per il ripieno:

1 tuorlo d'uovo

50 g/2 oz/¼ tazza di zucchero semolato (superfino)

50 g/2 oz/½ tazza di mandorle tritate

30 ml/2 cucchiai di liquore alla pera o altro liquore a piacere

3 pere grandi

Per la crema pasticcera:

3 uova

25 g/1 oz/2 cucchiai di zucchero semolato (superfino)

300 ml/½ pt/1¼ tazze di crema singola (leggera)

Per preparare la pasta frolla, mescolate in una ciotola la farina, le mandorle e lo zucchero e fate un buco al centro. Aggiungere il burro o la margarina, il tuorlo d'uovo e l'essenza di vaniglia e lavorare gli ingredienti gradualmente fino ad ottenere un impasto morbido. Avvolgere in pellicola trasparente (involucro di plastica) e raffreddare per 45 minuti. Stendete su un piano infarinato e usate per foderare uno stampo da plumcake imburrato e foderato di 20 cm/8. Coprire con carta da forno (cerata) e riempire con fagioli e cuocere alla cieca in forno preriscaldato a

200°C/400°F/gas mark 6 per 15 minuti. Eliminate la carta e i fagioli.

Per preparare il ripieno, sbattere insieme il tuorlo d'uovo e lo zucchero. Incorporare le mandorle e il liquore e versare il composto nella tortiera (guscio di torta). Sbucciate, private del torsolo e tagliate a metà le pere, quindi disponetele sul ripieno con la parte piatta verso il basso.

Per preparare la crema pasticcera, sbattere le uova e lo zucchero fino ad ottenere un composto chiaro e spumoso. Incorporare la crema. Coprire le pere con la crema pasticcera e cuocere in forno preriscaldato a 180°C/350°F/gas mark 4 per circa 15 minuti fino a quando la crema si sarà rappresa.

Torta Reale all'Uvetta

Fa una crostata da 20 cm/8 in

Per la pasta (pasta):

100 g/4 oz/½ tazza di burro o margarina

225 g/8 oz/2 tazze di farina normale (per tutti gli usi)

Un pizzico di sale

45 ml/3 cucchiai di acqua fredda

Per il ripieno:

50 g/2 oz/½ tazza di briciole di torta

175 g/6 oz/1 tazza di uvetta

1 tuorlo d'uovo

5 ml/1 cucchiaino di scorza di limone grattugiata

Per la farcitura:

225 g/8 oz/11/3 tazze di zucchero a velo (confettieri), setacciato

1 albume d'uovo

5 ml/1 cucchiaino di succo di limone

Finire:

45 ml/3 cucchiai di gelatina di ribes rosso (conserva trasparente)

Per preparare la pasta, strofinare il burro o la margarina nella farina e nel sale fino a ottenere un composto simile al pangrattato. Mescolare in abbastanza acqua fredda per fare una pasta. Avvolgere nella pellicola (involucro di plastica) e raffreddare per 30 minuti.

Stendete la pasta frolla e usatela per foderare una tortiera quadrata da 20 cm/8. Mescolare gli ingredienti del ripieno e versare sulla base, livellando la parte superiore. Sbattere gli ingredienti per la copertura e distribuirli sulla torta. Sbattere la gelatina di ribes rosso fino a renderla liscia, quindi creare un disegno a traliccio sulla parte superiore della torta. Cuocere in forno preriscaldato a 190°C/375°F/gas mark 5 per 30 minuti, quindi ridurre la temperatura del forno a 180°C/350°F/gas mark 4 e cuocere per altri 10 minuti.

Crostata di uvetta e panna acida

Per una crostata di 23 cm/9

225 g/8 oz di pasta frolla

30 ml/2 cucchiai di farina (per tutti gli usi)

2 uova, leggermente sbattute

60 ml/4 cucchiai di zucchero semolato (superfino)

250 ml/8 fl oz/1 tazza di panna acida (acida da latte)

225 g/8 oz/11/3 tazze di uvetta

60 ml/4 cucchiai di rum o brandy

Qualche goccia di essenza di vaniglia (estratto)

Stendere la pasta (pasta) a 5 mm/ 5 di spessore su una superficie leggermente infarinata. Mescolare la farina, le uova, lo zucchero e la panna, quindi incorporare l'uvetta, il rum o il brandy e l'essenza di vaniglia. Versare il composto nella tortiera e cuocere in forno preriscaldato a 200°C/400°F/gas mark 6 per 20 minuti. Ridurre la temperatura del forno a 180°C/350°F/gas mark 4 e cuocere per altri 5 minuti fino a quando non è appena rappreso.

Costata di fragole

Fa una crostata da 20 cm/8 in

1 quantità Pâte Sucrée

Per il ripieno:

5 tuorli d'uovo

175 g/6 oz/¾ tazza di zucchero semolato (superfino)

75 g/3 oz/¾ tazza di amido di mais (amido di mais)

1 baccello di vaniglia (baccello)

450 ml/¾ pt/2 tazze di latte

15 g/1 cucchiaio di burro o margarina

550 g/1¼ lb fragole, dimezzate

Per la glassa:

75 ml/5 cucchiai di gelatina di ribes rosso (conserva trasparente)

30 ml/2 cucchiai di acqua

Una spruzzata di succo di limone

Stendete la pasta frolla (pasta) e usatela per foderare una tortiera (teglia) di 20 cm/8. Coprire con carta da forno (cerata) e riempire con fagioli e cuocere in forno preriscaldato a 190°C/375°F/gas mark 5 per 12 minuti. Sfornare, togliere la carta e i fagioli e lasciar raffreddare.

Per preparare il ripieno, sbattere i tuorli e lo zucchero fino a quando il composto non sarà chiaro e spumoso e scivolerà dalla frusta a nastri. Sbattere nella farina di mais. Mettere il baccello di vaniglia nel latte e portare a bollore. Rimuovere il baccello di vaniglia. Sbattere gradualmente nella miscela di uova. Versare il composto in una pentola pulita e portare a bollore, mescolando continuamente, quindi cuocere, sempre mescolando, per 3 minuti. Togliere dal fuoco e incorporare il burro o la margarina fino a quando non si sarà sciolto. Coprire con carta da forno imburrata (cerata) e lasciare raffreddare.

Versare la crema pasticcera nella tortiera (guscio di torta) e disporre le fragole in modo attraente sulla parte superiore. Per preparare la glassa, sciogliere la gelatina, l'acqua e il succo di limone fino a quando non si saranno amalgamati. Spennellare la frutta mentre la glassa è calda, quindi lasciare solidificare. Servire lo stesso giorno.

Crostata di melassa

Fa una crostata da 20 cm/8 in

75 g/3 oz/1/3 tazza di burro o margarina

175 g/6 oz/1½ tazze di farina (per tutti gli usi)

15 ml/1 cucchiaio di zucchero semolato (superfino)

1 tuorlo d'uovo

30 ml/2 cucchiai di acqua

225 g/8 oz/2/3 tazza di sciroppo d'oro (mais chiaro)

50 g/2 oz/1 tazza di pangrattato fresco

5 ml/1 cucchiaino di succo di limone

Strofinare il burro o la margarina nella farina fino a ottenere un composto simile al pangrattato. Mescolare lo zucchero, quindi aggiungere il tuorlo d'uovo e l'acqua e mescolare fino a ottenere una pasta (pasta). Avvolgere nella pellicola (involucro di plastica) e raffreddare per 30 minuti.

Stendete la pasta frolla e usatela per foderare una tortiera (teglia) di 20 cm/8. Scaldare lo sciroppo, quindi mescolarlo con il pangrattato e il succo di limone. Versare il ripieno nella tortiera e cuocere in forno preriscaldato a 180°C/350°F/gas mark 4 per 35 minuti fino a quando non bolle.

Crostata Di Noci E Melassa

Fa una crostata da 20 cm/8 in

225 g/8 oz di pasta frolla

100 g/4 oz/½ tazza di burro o margarina, ammorbidito

50 g/2 oz/¼ tazza di zucchero di canna morbido

2 uova, sbattute

175 g/6 oz/½ tazza di sciroppo dorato (mais chiaro), riscaldato)

100 g/4 oz/1 tazza di noci, tritate finemente

Buccia grattugiata di 1 limone

Succo di ½ limone

Stendere la pasta (pasta) e utilizzare per rivestire una tortiera (stampo) da 20 cm unta. Coprire con carta da forno (cerata) e riempire con fagioli e cuocere in forno preriscaldato a 200°C/400°F/gas mark 6 per 10 minuti. Sfornare e togliere la carta e i fagioli. Ridurre la temperatura del forno a 180°C/350°F/gas mark 4.

Sbattere il burro o la margarina e lo zucchero fino a ottenere un composto chiaro e spumoso. Sbattere gradualmente le uova, quindi incorporare lo sciroppo, le noci, la scorza di limone e il succo. Versare nella tortiera (guscio di torta) e cuocere in forno per 45 minuti fino a doratura e croccante.

Torta Amish Shoo-fly

Per una torta di 23 x 30 cm

225 g/8 oz/1 tazza di burro o margarina, ammorbidito

225 g/8 oz/2 tazze di farina normale (per tutti gli usi)

225 g/8 oz/2 tazze di farina integrale (integrale)

450 g/1 lb/2 tazze di zucchero di canna morbido

350 g/12 oz/1 tazza di melassa nera (melassa)

10 ml/2 cucchiaini di bicarbonato di sodio (bicarbonato di sodio)

450 ml/¾ pt/2 tazze di acqua bollente

Strofinare il burro o la margarina nelle farine fino a quando il composto non assomiglia al pangrattato. Incorporare lo zucchero. Mettere da parte 100 g/4 oz/1 tazza del composto per la guarnizione. Mescolare la melassa, il bicarbonato di sodio e l'acqua e incorporare alla miscela di farina fino a quando gli ingredienti secchi non saranno stati assorbiti. Versare in una tortiera (stampo) di 23 x 30 cm/9 x 12 imburrata e infarinata e cospargere con il composto messo da parte. Cuocere in forno preriscaldato a 180°C/350°F/gas mark 4 per 35 minuti fino a quando uno stecchino inserito al centro non esce pulito. Servire caldo.

Delizia alla crema pasticcera Boston

Fa una torta di 23 cm/9

100 g/4 oz/½ tazza di burro o margarina, ammorbidito

225 g/8 oz/1 tazza di zucchero semolato (superfino)

2 uova, leggermente sbattute

2,5 ml/½ cucchiaino di essenza di vaniglia (estratto)

175 g/6 oz/1½ tazze di farina autolievitante (autolievitante)

5 ml/1 cucchiaino di lievito per dolci

Un pizzico di sale

60 ml/4 cucchiai di latte

Ripieno di crema

Montare il burro o la margarina e lo zucchero fino a ottenere un composto chiaro e spumoso. Aggiungere gradualmente le uova e l'essenza di vaniglia, sbattendo bene dopo ogni aggiunta. Mescolare la farina, il lievito e il sale e aggiungere al composto alternando con il latte. Versare in una tortiera da 23 cm/9 imburrata e infarinata (teglia) e cuocere in forno preriscaldato a 180°C/350°F/gas mark 4 per 30 minuti fino a quando non diventa soda al tatto. Quando è fredda, tagliare la torta orizzontalmente e avvolgere le due metà insieme al ripieno di crema pasticcera.

Torta Bianca Americana

Fa una torta di 23 cm/9

225 g/8 oz/1 tazza di burro o margarina, ammorbidito

450 g/1 lb/2 tazze di zucchero semolato (superfino)

3 uova, leggermente sbattute

350 g/12 oz/3 tazze di farina autolievitante (autolievitante)

15 ml/1 cucchiaio di lievito per dolci

1,5 ml/¼ cucchiaino di sale

250 ml/8 fl oz/1 tazza di latte

5 ml/1 cucchiaino di essenza di vaniglia (estratto)

5 ml/1 cucchiaino di essenza di mandorle (estratto)

Per il ripieno al limone:

45 ml/3 cucchiai di amido di mais (amido di mais)

75 g/3 oz/1/3 tazza di zucchero semolato (superfino)

1,5 ml/¼ cucchiaino di sale

300 ml/½ pt/1¼ tazze di latte

25 g/1 oz/2 cucchiai di burro o margarina

90 ml/6 cucchiai di succo di limone

5 ml/1 cucchiaino di scorza di limone grattugiata

Per la glassa:

350 g/12 oz/1½ tazze di zucchero semolato (superfino)

Un pizzico di sale

2 albumi d'uovo

75 ml/5 cucchiai di acqua fredda

15 ml/1 cucchiaio di sciroppo d'oro (mais chiaro)

5 ml/1 cucchiaino di essenza di vaniglia (estratto)

175 g/6 oz/1½ tazze di cocco disidratato (grattugiato)

Montare il burro o la margarina e lo zucchero fino a ottenere un composto chiaro e spumoso. Sbattere gradualmente le uova. Mescolare insieme la farina, il lievito e il sale, quindi aggiungere al composto mantecato alternando con il latte e le essenze. Versare il composto in tre tortiere (teglie) da 23 cm/9 imburrate e foderate e cuocere in forno preriscaldato a 180°C/gas segna 4 per 30 minuti fino a quando uno stecchino infilato al centro non esce pulito. Lasciare raffreddare.

Per preparare il ripieno, mescolare la maizena, lo zucchero e il sale, quindi incorporare il latte fino a quando non si sarà amalgamato. Aggiungere il burro o la margarina a pezzi e mantecare a fuoco basso per circa 2 minuti fino a che non si addensa. Unire il succo di limone e la scorza. Lasciar raffreddare e raffreddare.

Per preparare la glassa, mescola tutti gli ingredienti tranne l'essenza di vaniglia e il cocco in una ciotola resistente al calore posta su una pentola di acqua bollente. Sbattere per circa 5 minuti fino a quando non diventa duro. Incorporare l'essenza di vaniglia e sbattere per altri 2 minuti.

Per assemblare la torta, spalmare lo strato base con metà del ripieno al limone e cospargere con 25 g/1 oz/¼ tazza di cocco. Ripetere con il secondo strato. Spalmare la glassa sulla superficie e sui lati della torta e cospargere con il restante cocco.

Torta americana al latticello

Fa una torta di 23 cm/9

100 g/4 oz/½ tazza di burro o margarina, ammorbidito

225 g/8 oz/1 tazza di zucchero semolato (superfino)

2 uova, leggermente sbattute

5 ml/1 cucchiaino di scorza di limone grattugiata

5 ml/1 cucchiaino di essenza di vaniglia (estratto)

225 g/8 oz/2 tazze di farina autolievitante (autolievitante)

5 ml/1 cucchiaino di lievito per dolci

5 ml/1 cucchiaino di bicarbonato di sodio (bicarbonato di sodio)

Un pizzico di sale

250 ml/8 fl oz/1 tazza di latticello

Ripieno al limone

Montare il burro o la margarina e lo zucchero fino a ottenere un composto chiaro e spumoso. Sbattere gradualmente le uova, quindi incorporare la scorza di limone e l'essenza di vaniglia. Mescolare insieme la farina, il lievito, il bicarbonato e il sale e aggiungere al composto alternando con il latticello. Sbattere bene fino a che liscio. Versare il composto in due tortiere (teglie) da 23 cm/9 imburrate e infarinate e cuocere in forno preriscaldato a 180°C/gas mark 4 per 25 minuti fino a quando non si rassoda al tatto. Lasciare raffreddare negli stampini per 5 minuti prima di sformare su una gratella per completare il raffreddamento. Quando è freddo, farcire il panino con il ripieno di limone.

Torta caraibica allo zenzero e rum

Fa una torta di 20 cm/8 in

50 g/2 oz/¼ tazza di burro o margarina

120 ml/4 fl oz/½ tazza di melassa nera (melassa)

1 uovo, leggermente sbattuto

60 ml/4 cucchiai di rum

100 g/4 oz/1 tazza di farina autolievitante (autolievitante)

10 ml/2 cucchiaini di zenzero macinato

75 g/3 oz/1/3 tazza di zucchero di canna morbido

25 g/1 oz di zenzero cristallizzato (candito), tritato

Sciogliere il burro o la margarina con la melassa a fuoco basso, quindi lasciar raffreddare leggermente. Mescolare gli altri ingredienti per ottenere una pastella morbida. Versare in uno stampo a ciambella imburrato e foderato da 20 cm/8 e cuocere in forno preriscaldato a 200°C/400°F/gas mark 6 per 20 minuti fino a quando saranno ben lievitati e sodi al tatto.

Torta sacher

Fa una torta di 20 cm/8 in

200 g/7 oz/1¾ tazze di cioccolato fondente (semidolce)

8 uova, separate

100 g/4 oz/½ tazza di burro non salato (dolce), fuso

2 albumi d'uovo

Un pizzico di sale

150 g /5 oz/2/3 tazza di zucchero semolato (superfino)

Qualche goccia di essenza di vaniglia (estratto)

100 g/4 oz/1 tazza di farina (per tutti gli usi))

Per la glassa (glassa):

150 g/5 oz/1¼ tazze di cioccolato fondente (semidolce)

250 ml/8 fl oz/1 tazza di crema singola (leggera)

175 g/6 oz/¾ tazza di zucchero semolato (superfino)

Qualche goccia di essenza di vaniglia (estratto)

1 uovo, sbattuto

100 g/4 oz/1/3 tazza di marmellata di albicocche (conserva), setacciata (filtrata)

Sciogliere il cioccolato in una ciotola resistente al calore posta sopra una pentola di acqua bollente. Togliere dal fuoco. Sbattere leggermente i tuorli con il burro, quindi incorporarli al cioccolato fuso. Montate a neve ferma tutti gli albumi e il sale, poi aggiungete gradualmente lo zucchero e l'essenza di vaniglia e continuate a montare fino a quando il composto non si ferma a neve ferma. Incorporare gradualmente al composto di cioccolato, quindi incorporare la farina. Versate il composto in due tortiere (teglie) imburrate e foderate da 20 cm/8 e cuocete in forno preriscaldato a 180°C/gas mark 4 per 45 minuti fino a quando uno stecchino inserito al centro non esce pulito. Sformare su una gratella e lasciar raffreddare.

Per preparare la glassa, sciogliere il cioccolato con la panna, lo zucchero e l'essenza di vaniglia a fuoco medio finché non si saranno ben amalgamati, quindi cuocere a fuoco lento per 5 minuti senza mescolare. Mescolare qualche cucchiaio di composto al cioccolato con l'uovo, quindi incorporare al cioccolato e cuocere per 1 minuto, mescolando. Togliete dal fuoco e lasciate raffreddare a temperatura ambiente.

Sandwich le torte insieme alla marmellata di albicocche. Ricoprire tutta la torta con la glassa al cioccolato, lisciando la superficie con una spatola o una spatola. Lasciare raffreddare, quindi raffreddare per diverse ore fino a quando la glassa non si indurisce.

Torta di frutta al rum caraibico

Fa una torta di 20 cm/8 in

450 g/1 lb/2 2/3 tazze di frutta mista secca (mix di torte alla frutta)

225 g/8 oz/1 1/3 tazze di uva sultanina (uvetta dorata)

100 g/4 oz/2/3 tazza di uvetta

100 g/4 oz/2/3 tazza di ribes

50 g/2 oz/¼ tazza di ciliegie glacé (candite)

300 ml/½ pt/1¼ tazze di vino rosso

225 g/8 oz/1 tazza di burro o margarina, ammorbidito

225 g/8 oz/1 tazza di zucchero di canna morbido

5 uova, leggermente sbattute

10 ml/2 cucchiaini di melassa nera (melassa)

225 g/8 oz/2 tazze di farina normale (per tutti gli usi)

50 g/2 oz/½ tazza di mandorle tritate

5 ml/1 cucchiaino di cannella in polvere

5 ml/1 cucchiaino di noce moscata grattugiata

5 ml/1 cucchiaino di essenza di vaniglia (estratto)

300 ml/½ pt/1¼ tazze di rum

Mettere tutta la frutta e il vino in un tegame e portare a bollore. Riducete la fiamma al minimo, coprite e lasciate riposare per 15 minuti, poi togliete dal fuoco e lasciate raffreddare. Montare il burro o la margarina e lo zucchero fino a ottenere un composto chiaro e spumoso, quindi incorporare gradualmente le uova e la melassa. Incorporare gli ingredienti secchi. Incorporare la miscela di frutta, l'essenza di vaniglia e 45 ml/3 cucchiai di rum. Mettere un cucchiaio in una tortiera da 20 cm imburrata e infarinata e cuocere in forno preriscaldato a 160°C/325°F/gas mark 3 per 3 ore fino a quando non sarà ben lievitata e uno stecchino inserito al centro esce pulito . Lasciare raffreddare nello stampo per 10 minuti, quindi capovolgere su una gratella per completare il raffreddamento. Forare la parte superiore della torta con uno stecchino sottile e versare sopra il rum rimasto. Avvolgete nella pellicola e lasciate stagionare il più a lungo possibile.

Torta Danese Al Burro

Fa una torta di 23 cm/9

225 g/8 oz/1 tazza di burro o margarina, a dadini

175 g/6 oz/1½ tazze di farina (per tutti gli usi)

40 g/1½ oz di lievito fresco o 60 ml/4 cucchiai di lievito secco

15 ml/1 cucchiaio di zucchero semolato

1 uovo, sbattuto

½ quantità di ripieno di crema pasticcera danese

60 ml/4 cucchiai di zucchero a velo (per confettieri), setacciato

45 ml/3 cucchiai di ribes

Strofina 100 g/4 oz/½ tazza di burro o margarina nella farina. Montare a crema il lievito e lo zucchero semolato, quindi unirlo alla farina e al burro con l'uovo e impastare fino ad ottenere un impasto liscio. Coprire e lasciare in un luogo caldo per circa 1 ora fino al raddoppio.

Rovesciare su un piano infarinato e impastare bene. Stendete un terzo dell'impasto e usatelo per rivestire il fondo di una tortiera (teglia) da 23 cm/9 imburrata. Spalmare la crema pasticcera sopra l'impasto.

Stendere la pasta rimanente in un rettangolo di circa 5 mm/¼ di spessore. Montare insieme il burro o la margarina rimanenti e lo zucchero a velo, quindi unire i ribes. Stendere sulla pasta lasciando uno spazio intorno ai bordi, quindi arrotolare la pasta dal lato più corto. Tagliare a fette e disporre sopra il ripieno di crema pasticcera. Coprite e lasciate lievitare in luogo tiepido per circa 1 ora. Cuocere in forno preriscaldato a 230 °C/450°F/gas mark 8 per 25-30 minuti fino a quando saranno ben lievitati e dorati in superficie.

Torta Danese Al Cardamomo

Per una torta da 900 g/2 libbre

225 g/8 oz/1 tazza di burro o margarina, ammorbidito

225 g/8 oz/1 tazza di zucchero semolato (superfino)

3 uova

350 g/12 oz/3 tazze di farina normale (per tutti gli usi)

10 ml/2 cucchiaini di lievito per dolci

10 semi di cardamomo, macinati

150 ml/¼ pt/2/3 tazza di latte

45 ml/3 cucchiai di uvetta

45 ml/3 cucchiai di scorza mista (candita) tritata

Montare il burro o la margarina e lo zucchero fino a ottenere un composto chiaro e spumoso. Aggiungere le uova, poco alla volta, sbattendo bene dopo ogni aggiunta. Incorporare la farina, il lievito e il cardamomo. Incorporare gradualmente il latte, l'uvetta e la buccia mista. Versare in uno stampo da plumcake imburrato e foderato da 900 g/2 lb (teglia) e cuocere in forno preriscaldato a 190°C/375°F/gas mark 5 per 50 minuti fino a quando uno stecchino inserito al centro non esce pulito.

Gâteau Pithiviers

Fa uno 25 cm/10 in torta

100 g/4 oz/½ tazza di burro o margarina, ammorbidito

100 g/4 oz/½ tazza di zucchero semolato (superfino)

1 uovo

1 tuorlo d'uovo

100 g/4 oz/1 tazza di mandorle tritate

30 ml/2 cucchiai di rum

400 g/14 once di pasta sfoglia

Per la glassa:

1 uovo, sbattuto

30 ml/2 cucchiai di zucchero a velo (per pasticceria)

Sbattere il burro o la margarina e lo zucchero fino a ottenere un composto chiaro e spumoso. Sbattere l'uovo e il tuorlo, quindi sbattere le mandorle e il rum. Stendere metà della pasta (pasta) su una superficie leggermente infarinata e tagliare in un cerchio di 23 cm/9. Mettere su una teglia (biscotto) inumidita e stendere il ripieno sulla pasta fino a 1 cm dal bordo. Stendere la pasta rimanente e tagliare in un cerchio di 25 cm/10. Taglia un anello di 1 cm/½ dal bordo di questo cerchio. Spennellare il bordo della base di pasta con acqua e premere l'anello intorno al bordo, spingendolo delicatamente per adattarlo. Spennellare con acqua e sovrapporre il secondo cerchio, sigillando i bordi. Sigillare e scanalare i bordi. Spennellare la superficie con l'uovo sbattuto, quindi tracciare un motivo di tagli radiali sulla parte superiore con la lama di un coltello. Cuocere in forno preriscaldato a 220°C/425°F/gas mark 7 per 30 minuti fino a quando non saranno ben lievitati e dorati. Setacciate sopra lo zucchero a velo e rimettete in forno per altri 5 minuti fino a quando non diventa lucido. Servire tiepido o freddo.

Galette des Rois

Per una torta di 18 cm/7

250 g/9 oz/2¼ tazze di farina normale (per tutti gli usi)

5 ml/1 cucchiaino di sale

200 g/7 oz/scarso 1 tazza di burro non salato (dolce), a dadini

175 ml/6 fl oz/¾ tazza di acqua

1 uovo

1 albume d'uovo

In una ciotola mettete la farina e il sale e fate una fontana al centro. Aggiungere 75 g/3 oz/1/3 tazza di burro, l'acqua e l'uovo intero e impastare fino a ottenere un impasto morbido. Coprite e lasciate riposare per 30 minuti.

Stendere l'impasto in un lungo rettangolo su un piano leggermente infarinato. Ricoprite due terzi dell'impasto con un terzo del burro rimasto. Ripiegare la pasta sfoglia scoperta sul burro, quindi ripiegare la pasta rimanente sopra. Sigillate i bordi e fate raffreddare per 10 minuti. Stendere nuovamente la pasta e ripetere con metà del burro rimasto. Raffreddare, stendere e aggiungere il burro rimasto, quindi raffreddare per gli ultimi 10 minuti.

Stendere l'impasto in un cerchio di 2,5 cm/1 di spessore di circa 18 cm/7 di diametro. Mettere su una teglia unta (biscotto), spennellare con l'albume e lasciare riposare per 15 minuti. Cuocere in forno preriscaldato a 180°C/350°F/gas mark 4 per 15 minuti fino a quando saranno ben lievitati e dorati.

Crème Caramel

Per una torta di 15 cm/6 in torta

Per il caramello:

100 g/4 oz/½ tazza di zucchero semolato (superfino)

150 ml/¼ pt/2/3 tazza di acqua

Per la crema pasticcera:

600 ml/1 pt/2½ tazze di latte

4 uova, leggermente sbattute

15 ml/1 cucchiaio di zucchero semolato (superfino)

1 arancia

Per fare il caramello, mettete lo zucchero e l'acqua in un pentolino e fate sciogliere a fuoco basso. Portare a ebollizione, quindi far bollire senza mescolare per circa 10 minuti fino a quando lo sciroppo diventa di un ricco marrone dorato. Versare in una pirofila da soufflé da 15 cm/6 e inclinare la pirofila in modo che il caramello scorra sulla base.

Per preparare la crema, scaldare il latte, poi versarlo sulle uova e lo zucchero e sbattere bene. Versare nel piatto. Mettere il piatto in una teglia (pentola) con acqua calda a metà dei lati del piatto. Cuocere in forno preriscaldato a 170°C/325°F/gas mark 3 per 1 ora fino a quando non si sarà rassodata. Lasciare raffreddare prima di sformare su un piatto da portata. Sbucciare l'arancia e affettarla orizzontalmente, quindi tagliare ogni fetta a metà. Disporre intorno al caramello per decorare.

Gugelhopf

Fa una torta di 20 cm/8 in

25 g/1 oz di lievito fresco o 40 ml/2½ cucchiai di lievito secco

120 ml/4 fl oz/½ tazza di latte caldo

100 g/4 oz/2/3 tazza di uvetta

15 ml/1 cucchiaio di rum

450 g/1 lb/4 tazze di farina (di pane) forte

5 ml/1 cucchiaino di sale

Un pizzico di noce moscata grattugiata

100 g/4 oz/½ tazza di zucchero semolato (superfino)

Buccia grattugiata di 1 limone

175 g/6 oz/¾ tazza di burro o margarina, ammorbidito

3 uova

100 g/4 oz/1 tazza di mandorle pelate

Zucchero a velo (confettieri) per spolverare

Frullate il lievito con un po' di latte tiepido e lasciate in un luogo tiepido per 20 minuti fino a quando non sarà spumoso. Mettere l'uvetta in una ciotola, bagnare con il rum e lasciare in ammollo. In una ciotola mettete la farina, il sale e la noce moscata e aggiungete lo zucchero e la scorza di limone. Fare una fontana al centro, versare il composto di lievito, il latte rimasto, il burro o la margarina e le uova e lavorare insieme fino ad ottenere un impasto. Mettere in una ciotola unta d'olio, coprire con pellicola unta d'olio (involucro di plastica) e lasciare in un luogo caldo per 1 ora fino al raddoppio. Imburrare generosamente uno stampo da gugelhopf da 20 cm/8 (teglia zigrinata) e disporre le mandorle intorno alla base. Impastare l'uvetta e il rum nella pasta lievitata e mescolare bene. Versate il composto nella tortiera, coprite e lasciate in luogo tiepido per 40 minuti fino a quando l'impasto non avrà quasi raddoppiato di volume e raggiunto il bordo superiore della tortiera. Cuocere in forno preriscaldato a 200°C/400°F/gas mark 6 per 45 minuti fino a quando uno stecchino inserito al centro non esce pulito. Coprire con un doppio strato di carta da forno (cerata) verso la fine della cottura se la torta è troppo dorata. Sfornare e lasciar raffreddare, quindi spolverare con zucchero a velo.

Gugelhopf al cioccolato

Fa una torta di 20 cm/8 in

25 g/1 oncia di lievito fresco o 40 ml/2½ cucchiaio di lievito secco

120 ml/4 fl oz/½ tazza di latte caldo

50 g/2 oz/1/3 tazza di uvetta

50 g/2 oz/1/3 tazza di ribes

25 g/1 oz/3 cucchiai di buccia mista (candita) tritata

15 ml/1 cucchiaio di rum

450 g/1 lb/4 tazze di farina (di pane) forte

5 ml/1 cucchiaino di sale

5 ml/1 cucchiaino di pimento macinato

Un pizzico di zenzero in polvere

100 g/4 oz/½ tazza di zucchero semolato (superfino)

Buccia grattugiata di 1 limone

175 g/6 oz/¾ tazza di burro o margarina, ammorbidito

3 uova

Per la farcitura:

60 ml/4 cucchiai di marmellata di albicocche (conserva), setacciata (filtrata)

30 ml/2 cucchiai di acqua

100 g/4 oz/1 tazza di cioccolato fondente (semidolce)

50 g/2 oz/½ tazza di mandorle a scaglie (a scaglie), tostate

Frullate il lievito con un po' di latte tiepido e lasciate in un luogo tiepido per 20 minuti fino a quando non sarà spumoso. Mettere l'uvetta, il ribes e la buccia mista in una ciotola, bagnare con il rum e lasciare in ammollo. In una ciotola mettete la farina, il sale e le spezie e aggiungete lo zucchero e la scorza di limone. Fare una fontana al centro, versare il composto di lievito, il restante latte e le uova e lavorare insieme fino ad ottenere un impasto. Mettere in una ciotola unta d'olio, coprire con pellicola unta d'olio (involucro di plastica) e lasciare in un luogo caldo per 1 ora fino al raddoppio. Impastare la frutta e il rum nell'impasto lievitato e mescolare bene. Versare il composto in uno stampo gugelhopf da 20 cm/8 ben imburrato, coprire e lasciare in luogo tiepido per 40 minuti fino a quando l'impasto non avrà quasi raddoppiato di volume e raggiunto il bordo superiore dello stampo. Cuocere in forno preriscaldato a 200°C/400°F/gas mark 6 per 45 minuti fino a quando uno stecchino inserito al centro non esce pulito. Coprire con un doppio strato di carta da forno (cerata) verso la fine della cottura se la torta dovesse scurirsi troppo. Sfornare e lasciar raffreddare.

Scaldare la marmellata con l'acqua, mescolando finché non sarà ben amalgamata. Spennellare la torta. Sciogliere il cioccolato in una ciotola resistente al calore posta sopra una pentola di acqua bollente. Stendere sulla torta e premere le mandorle a scaglie intorno alla base prima che il cioccolato si rapprenda.

Stollen

Per tre torte da 350 g/12 oz

15 g/½ oz di lievito fresco o 20 ml/4 cucchiaini di lievito secco

15 ml/1 cucchiaio di zucchero semolato (superfino)

120 ml/4 fl oz/½ tazza di acqua calda

25 g/1 oz/¼ tazza di farina (di pane) forte

Per la pasta di frutta:

450 g/1 lb/4 tazze di farina (di pane) forte

5 ml/1 cucchiaino di sale

75 g/3 oz/1/3 tazza di zucchero demerara

1 uovo, leggermente sbattuto

225 g/8 oz/11/3 tazze di uvetta

30 ml/2 cucchiai di rum

50 g/2 oz/1/3 tazza di scorze miste (candite) tritate

50 g/2 oz/½ tazza di mandorle tritate

5 ml/1 cucchiaino di cannella in polvere

100 g/4 oz/½ tazza di burro o margarina, sciolto

175 g/6 oz pasta di mandorle

Per la glassa:

1 uovo, leggermente sbattuto

75 g/3 oz/1/3 tazza di zucchero semolato (superfino)

90 ml/6 cucchiai di acqua

50 g/2 oz/½ tazza di mandorle a scaglie (a scaglie)

Zucchero a velo (confettieri) per spolverare

Per preparare la miscela di lievito, mescolare il lievito e lo zucchero in una pasta con l'acqua tiepida e la farina. Lasciare in un luogo caldo per 20 minuti fino a quando non diventa schiumoso.

Per fare l'impasto della frutta, mettete in una ciotola la farina e il sale, aggiungete lo zucchero e fate una fontana al centro. Aggiungere l'uovo con il composto di lievito e impastare fino ad ottenere un impasto liscio. Aggiungere l'uvetta, il rum, la buccia mista, le mandorle tritate e la cannella e impastare fino ad ottenere un composto omogeneo e omogeneo. Mettere in una ciotola unta d'olio, coprire con pellicola unta d'olio (involucro di plastica) e lasciare in un luogo caldo per 30 minuti.

Dividere l'impasto in tre parti e stendere in rettangoli di circa 1 cm/½ di spessore. Spennellare il burro sopra. Dividete in tre la pasta di mandorle e arrotolatela a forma di salsiccia. Posizionarne uno al centro di ogni rettangolo e ripiegare la pasta sopra. Capovolgere con la cucitura sottostante e posizionare su una teglia unta (biscotto). Spennellare con l'uovo, coprire con pellicola unta d'olio (involucro di plastica) e lasciare in un luogo caldo per 40 minuti fino al raddoppio.

Cuocere in forno preriscaldato a 220°C/425°F/gas mark 7 per 30 minuti fino a doratura.

Nel frattempo fate bollire lo zucchero con l'acqua per 3 minuti fino ad ottenere uno sciroppo denso. Spennellare la superficie di ogni stollen con lo sciroppo e cospargere con mandorle a lamelle e zucchero a velo.

Stollen alla mandorla

Per due pagnotte da 450 g/1 lb

15 g/½ oz di lievito fresco o 20 ml/4 cucchiaini di lievito secco

50 g/2 oz/¼ tazza di zucchero semolato (superfino)

300 ml/½ pt/1¼ tazze di latte caldo

1 uovo

Buccia grattugiata di 1 limone

Un pizzico di noce moscata grattugiata

450 g/1 lb/4 tazze di farina normale (per tutti gli usi)

Un pizzico di sale

100 g/4 oz/2/3 tazza di scorze miste (candite) tritate

175 g/6 oz/1½ tazze di mandorle, tritate

50 g/2 oz/¼ tazza di burro o margarina, sciolto

75 g/3 oz/½ tazza di zucchero a velo (confettieri), setacciato, per spolverare

Frullare il lievito con 5 ml/1 cucchiaino di zucchero e un po' di latte tiepido e lasciare in un luogo tiepido per 20 minuti fino a quando non diventa spumoso. Sbattere l'uovo con lo zucchero rimasto, la scorza di limone e la noce moscata, quindi incorporare al composto di lievito la farina, il sale e il restante latte caldo e impastare fino ad ottenere un impasto morbido. Mettere in una ciotola unta d'olio, coprire con pellicola unta d'olio (involucro di plastica) e lasciare in un luogo caldo per 30 minuti.

Impastare il composto di buccia e mandorle, coprire di nuovo e lasciare in un luogo caldo per 30 minuti fino al raddoppio.

Dividere l'impasto a metà. Arrotolarne una metà a forma di salsiccia di 30 cm/12. Premere il mattarello al centro per fare un tuffo, quindi piegare su un lato nel senso della lunghezza e premere delicatamente. Ripetere con l'altra metà. Mettere entrambi su una teglia (biscotto) imburrata e foderata, coprire con pellicola unta (involucro di plastica) e lasciare in un luogo caldo per 25 minuti fino al raddoppio. Cuocere in forno preriscaldato a 200°C/400°F/gas mark 6 per 1 ora fino a doratura e uno stecchino inserito al centro non esce pulito. Spennellare generosamente le pagnotte calde con il burro fuso e cospargere con lo zucchero a velo.

Stollen al pistacchio

Per due pagnotte da 450 g/1 lb

15 g/½ oz di lievito fresco o 20 ml/4 cucchiaini di lievito secco

50 g/2 oz/¼ tazza di zucchero semolato (superfino)

300 ml/½ pt/1¼ tazze di latte caldo

1 uovo

Buccia grattugiata di 1 limone

Un pizzico di noce moscata grattugiata

450 g/1 lb/4 tazze di farina normale (per tutti gli usi)

Un pizzico di sale

100 g/4 oz/2/3 tazza di scorze miste (candite) tritate

100 g/4 oz/1 tazza di pistacchi, tritati

100 g/4 oz pasta di mandorle

15 ml/1 cucchiaio di liquore al maraschino

50 g/2 oz/1/3 tazza di zucchero a velo (confettieri), setacciato

Per la farcitura:
50 g/2 oz/¼ tazza di burro o margarina, sciolto

75 g/3 oz/½ tazza di zucchero a velo (confettieri), setacciato, per spolverare

Frullare il lievito con 5 ml/1 cucchiaino di zucchero e un po' di latte tiepido e lasciare in un luogo tiepido per 20 minuti fino a quando non diventa spumoso. Sbattere l'uovo con lo zucchero rimasto, la scorza di limone e la noce moscata, quindi incorporare al composto di lievito la farina, il sale e il restante latte caldo e impastare fino ad ottenere un impasto morbido. Mettere in una ciotola unta d'olio, coprire con pellicola unta d'olio (involucro di plastica) e lasciare in un luogo caldo per 30 minuti.

Impastare il composto di bucce e pistacchi, coprire di nuovo e lasciare in un luogo caldo per 30 minuti fino al raddoppio. Lavorare la pasta di mandorle, il liquore e lo zucchero a velo fino ad ottenere una pasta, stenderla ad uno spessore di 1 cm/½ e tagliarla a cubetti. Lavorare l'impasto in modo che i cubetti rimangano interi.

Dividere l'impasto a metà. Arrotolarne una metà a forma di salsiccia di 30 cm/12. Premere il mattarello al centro per fare un tuffo, quindi piegare su un lato nel senso della lunghezza e premere delicatamente. Ripetere con la seconda metà. Mettere entrambi su una teglia (biscotto) imburrata e foderata, coprire con pellicola unta (involucro di plastica) e lasciare in un luogo caldo per 25 minuti fino al raddoppio. Cuocere in forno preriscaldato a 200°C/400°F/gas mark 6 per 1 ora fino a doratura e uno stecchino inserito al centro non esce pulito. Spennellare generosamente le pagnotte calde con il burro fuso e spolverare con lo zucchero a velo.

Baklava

fa 24

450 g/1 lb/2 tazze di zucchero semolato (superfino)

300 ml/½ pt/1¼ tazze di acqua

5 ml/1 cucchiaino di succo di limone

30 ml/2 cucchiai di acqua di rose

350 g/12 oz/1½ tazze di burro non salato (dolce), fuso

450 g/1 libbra di pasta fillo (pasta)

675 g/1½ libbre/6 tazze di mandorle, tritate finemente

Per fare lo sciroppo, sciogliere lo zucchero nell'acqua a fuoco basso, mescolando di tanto in tanto. Aggiungere il succo di limone e portare a bollore. Far bollire per 10 minuti fino a ottenere uno sciroppo, quindi aggiungere l'acqua di rose e lasciare raffreddare, quindi raffreddare.

Spennellare una teglia grande con burro fuso. Stendete metà dei fogli di filo nella teglia, spennellando ciascuno con il burro. Ripiegare i bordi per trattenere il ripieno. Distribuire sopra le mandorle. Continuate a fare uno strato con la pasta rimasta, spennellando ogni sfoglia con burro fuso. Spennellare generosamente la superficie con il burro. Tagliare la pasta a rombi di circa 5 cm/2 di larghezza. Cuocere in forno preriscaldato a 180°C/350°F/gas mark 4 per 25 minuti fino a quando saranno croccanti e dorati. Versateci sopra lo sciroppo freddo, poi lasciate raffreddare.

Turbinio di Stressel Ungherese

fa 16

25 g/1 oz di lievito fresco o 40 ml/2½ cucchiai di lievito secco

15 ml/1 cucchiaio di zucchero di canna morbido

300 ml/½ pt/1¼ tazze di acqua calda

15 ml/1 cucchiaio di burro o margarina

450 g/1 lb/4 tazze di farina integrale (integrale)

15 ml/1 cucchiaio di latte in polvere (latte in polvere scremato)

5 ml/1 cucchiaino di spezie miste (torta di mele) macinate

2,5 ml/½ cucchiaino di sale

1 uovo

175 g/6 oz/1 tazza di ribes

100 g/4 oz/2/3 tazza di uva sultanina (uvetta dorata)

50 g/2 oz/1/3 tazza di uvetta

50 g/2 oz/1/3 tazza di scorze miste (candite) tritate

Per la farcitura:

75 g/3 oz/¾ tazza di farina integrale (integrale)

50 g/2 oz/¼ tazza di burro o margarina, sciolto

75 g/3 oz/1/3 tazza di zucchero di canna morbido

25 g/1 oz/¼ tazza di semi di sesamo

Per il ripieno:

50 g/2 oz/¼ tazza di zucchero di canna morbido

50 g/2 oz/¼ tazza di burro o margarina, ammorbidito

50 g/2 oz/½ tazza di mandorle tritate

2,5 ml/½ cucchiaino di noce moscata grattugiata

25 g/2 oz/1/3 tazza di prugne snocciolate (snocciolate), tritate

1 uovo, sbattuto

Mescolare il lievito e lo zucchero con un po' di acqua tiepida e lasciare in un luogo tiepido per 10 minuti fino a quando non diventa spumoso. Strofinare il burro o la margarina nella farina, quindi incorporare il latte in polvere, le spezie miste e il sale e fare un pozzo al centro. Incorporare l'uovo, il composto di lievito e l'acqua calda rimanente e impastare. Impastare fino a che liscio ed elastico. Impastare l'uvetta, l'uvetta, l'uvetta e la buccia mista. Mettere in una ciotola unta d'olio, coprire con pellicola unta d'olio (involucro di plastica) e lasciare in luogo caldo per 1 ora.

Mescolare gli ingredienti per la copertura fino a che non diventano briciole. Per fare il ripieno, sbattere insieme il burro o la margarina e lo zucchero, quindi unire le mandorle e la noce moscata. Stendere l'impasto in un rettangolo grande di circa 1 cm/½ di spessore. Farcire con il ripieno e cospargere con le prugne. Arrotolare come un rotolo svizzero (gelatina), spennellando i bordi con l'uovo per sigillare insieme. Tagliare a fette di 2,5 cm/1 e disporle in una teglia da forno unta e poco profonda (teglia). Spennellare con l'uovo e cospargere con il composto di copertura. Coprite e lasciate lievitare in luogo tiepido per 30 minuti. Cuocere in forno preriscaldato a 220°C/425°F/gas mark 7 per 30 minuti.

Panforte

Fa una torta di 23 cm/9

175 g/6 oz/¾ tazza di zucchero semolato

175 g/6 oz/½ tazza di miele chiaro

100 g/4 oz/2/3 tazza di fichi secchi, tritati

100 g/4 oz/2/3 tazza di scorze miste (candite) tritate

50 g/2 oz/¼ tazza di ciliegie glassate (candite), tritate

50 g/2 oz/¼ tazza di ananas glacé (candito), tritato

175 g/6 oz/1½ tazze di mandorle pelate, tritate grossolanamente

100 g/4 oz/1 tazza di noci, tritate grossolanamente

100 g/4 oz/1 tazza di nocciole, tritate grossolanamente

50 g/2 oz/½ tazza di farina (per tutti gli usi)

25 g/1 oz/¼ tazza di cacao (cioccolato non zuccherato) in polvere

5 ml/1 cucchiaino di cannella in polvere

Un pizzico di noce moscata grattugiata

15 ml/1 cucchiaio di zucchero a velo (per confettieri), setacciato

Sciogliere lo zucchero semolato nel miele in un pentolino a fuoco basso. Portate a bollore e fate bollire per 2 minuti fino ad ottenere uno sciroppo denso. Mescolare la frutta e le noci e incorporare la farina, il cacao e le spezie. Incorporare lo sciroppo. Versare il composto in una teglia da 23 cm/9 imburrata, foderata con carta di riso. Cuocere in forno preriscaldato a 180°C/350°F/gas mark 4 per 45 minuti. Lasciare raffreddare nello stampo per 15 minuti, quindi capovolgere su una gratella a raffreddare. Spolverare con lo zucchero a velo prima di servire.

Torta Con Nastri Di Pasta

Fa una torta di 23 cm/9

300 g/11 oz/2¾ tazze di farina normale (per tutti gli usi)

50 g/2 oz/¼ tazza di burro o margarina, sciolto

3 uova, sbattute

Un pizzico di sale

225 g/8 oz/2 tazze di mandorle, tritate

200 g/7 oz/scarsa 1 tazza di zucchero semolato (superfino)

Buccia grattugiata e succo di 1 limone

90 ml/6 cucchiai di kirsch

Mettere la farina in una ciotola e fare una fontana al centro.
Incorporare il burro, le uova e il sale e impastare fino ad ottenere
un impasto morbido. Stendere sottilmente e tagliare a striscioline
sottili. Mescolare le mandorle, lo zucchero e la scorza di limone.
Imburrare una tortiera da 23 cm/9 e cospargerla di farina.
Disporre uno strato di nastri di pasta sul fondo della tortiera,
cospargere con un po' del composto di mandorle e irrorare con un
po' di kirsch. Continuare a strati, terminando con uno strato di
pasta. Coprire con carta da forno imburrata (cerata) e cuocere a
180°C/ 350°F/gas mark 4 per 1 ora. Sformare con cura e servire
tiepidi o freddi.

Torta di Riso all'Italiana con Grand Marnier

Fa una torta di 20 cm/8 in

1,5 litri/2½ punti/6 tazze di latte

Un pizzico di sale

350 g/12 oz/1½ tazze di arborio o altro riso a grana media

Buccia grattugiata di 1 limone

60 ml/4 cucchiai di zucchero semolato (superfino)

3 uova

25 g/1 oz/2 cucchiai di burro o margarina

1 tuorlo d'uovo

30 ml/2 cucchiai di scorza mista (candita) tritata

225 g/8 oz/2 tazze di mandorle a scaglie (in scaglie), tostate

45 ml/3 cucchiai di Grand Marnier

30 ml/2 cucchiai di pangrattato secco

Portare a bollore il latte e il sale in una pentola capiente, aggiungere il riso e la scorza di limone, coprire e cuocere a fuoco lento per 18 minuti, mescolando di tanto in tanto. Togliere dal fuoco e incorporare lo zucchero, le uova e il burro o la margarina e lasciare finché non saranno tiepidi. Sbattere il tuorlo d'uovo, la buccia mista, le noci e il Grand Marnier. Ungete una tortiera (tortiera) da 20 cm/8 e cospargetela con il pangrattato. Versare il composto nello stampo e cuocere in forno preriscaldato a 150°C/300°F/gas mark 2 per 45 minuti fino a quando uno stecchino inserito al centro non esce pulito. Lasciar raffreddare nello stampo, poi sformare e servire caldo.

Pan di Spagna Siciliano

Per una torta di 23 x 9 cm/7 x 3½

Torta Madeira da 450 g/1 lb

Per il ripieno:

450 g/1 lb/2 tazze di ricotta

50 g/2 oz/¼ tazza di zucchero semolato (superfino)

30 ml/2 cucchiai di panna doppia (pesante)

30 ml/2 cucchiai di scorza mista (candita) tritata

15 ml/1 cucchiaio di mandorle tritate

30 ml/2 cucchiai di liquore all'arancia

50 g/2 oz /½ tazza di cioccolato fondente (semidolce), grattugiato

Per la glassa (glassa):

350 g/12 oz/3 tazze di cioccolato fondente (semidolce)

175 ml/6 fl oz/¾ tazza di caffè nero forte

225 g/8 oz/1 tazza di burro non salato (dolce) o margarina

Tagliare la torta per il lungo in fette di 1 cm/½. Per fare il ripieno, passare la ricotta attraverso un setaccio (filtro), quindi sbattere fino a che liscio. Incorporare lo zucchero, la panna, la scorza mista, le mandorle, il liquore e il cioccolato. Disporre gli strati di torta e composto di ricotta in uno stampo da plumcake da 450 g rivestito di alluminio, terminando con uno strato di torta. Ripiegare la pellicola sopra e lasciare raffreddare per 3 ore fino a quando non si sarà rassodata.

Per preparare la glassa, sciogliere il cioccolato e il caffè in una ciotola resistente al calore posta su una pentola di acqua bollente. Sbattere il burro o la margarina e continuare a sbattere fino a ottenere un composto liscio. Lasciare raffreddare fino a quando non si addensa.

Togliete la torta dalla carta stagnola e mettetela su un piatto da portata. Stendere o spalmare la glassa sulla parte superiore e sui lati della torta e segnare con una forchetta, se lo si desidera. Raffreddare fino a quando non si ferma.

Torta Di Ricotta Italiana

Fa uno 25 cm/10 in torta

Per la salsa:

225 g/8 once di lamponi

250 ml/8 fl oz/1 tazza d'acqua

50 g/2 oz/¼ tazza di zucchero semolato (superfino)

30 ml/2 cucchiai di amido di mais (amido di mais)

Per il ripieno:

450 g/1 lb/2 tazze di ricotta

225 g/8 oz/1 tazza di formaggio cremoso

75 g/3 oz/1/3 tazza di zucchero semolato (superfino)

5 ml/1 cucchiaino di essenza di vaniglia (estratto)

Buccia grattugiata di 1 limone

Buccia grattugiata di 1 arancia

Una torta di cibo per angeli da 25 cm/10 pollici

Per preparare la salsa, frullare gli ingredienti fino a ottenere un composto omogeneo, quindi versare in un pentolino e cuocere a fuoco medio, mescolando, fino a quando la salsa si addensa e raggiunge il bollore. Filtrare e scartare i semi, se si preferisce. Coprire e raffreddare.

Per preparare il ripieno, sbattere insieme tutti gli ingredienti fino a che non siano ben amalgamati.

Tagliare la torta orizzontalmente in tre strati e avvolgerli insieme con i due terzi del ripieno, distribuendo il resto sulla parte superiore. Coprire e raffreddare fino al momento di servire con la salsa versata sopra.

Torta Noci e Mascarpone

Fa una torta di 23 cm/9

450 g/1 libbra di pasta sfoglia

175 g/6 oz/¾ tazza di mascarpone

50 g/2 oz/¼ tazza di zucchero semolato (superfino)

30 ml/2 cucchiai di marmellata di albicocche (conserva)

3 tuorli d'uovo

50 g/2 oz/½ tazza di noci, tritate

100 g/4 oz/2/3 tazza di scorze miste (candite) tritate

Buccia finemente grattugiata di 1 limone

Zucchero a velo (da pasticceria) setacciato per spolverare

Stendere la pasta frolla e con metà foderare uno stampo da 23 cm/9 imburrato in uno stampo da plumcake (teglia). Montate il Mascarpone con lo zucchero, la marmellata e 2 tuorli d'uovo. Conservare 15 ml/1 cucchiaio di noci per la decorazione, quindi incorporare il resto al composto con la buccia mista e la scorza di limone. Versare nella tortiera (guscio di torta). Coprire il ripieno con la pasta rimanente (pasta), quindi inumidire e sigillare i bordi. Sbattere il tuorlo d'uovo rimanente e spennellare la superficie. Cuocere in forno preriscaldato a 200°C/400°F/gas mark 6 per 35 minuti fino a quando saranno ben dorati. Cospargete con le noci messe da parte e spolverizzate con zucchero a velo.

Torta Di Mele Olandese

Serve 8

150 g/5 oz/2/3 tazza di burro o margarina

225 g/8 oz/2 tazze di farina normale (per tutti gli usi)

5 ml/1 cucchiaino di lievito per dolci

2 uova, separate

10 ml/2 cucchiaini di succo di limone

900 g di mele da cucina (crostate) non pelate, private del torsolo e affettate

175 g/6 oz/1 tazza di albicocche secche pronte, tagliate in quarti

100 g/4 oz/2/3 tazza di uvetta

30 ml/2 cucchiai di acqua

5 ml/1 cucchiaino di cannella in polvere

50 g/2 oz/½ tazza di mandorle tritate

Strofinare il burro o la margarina nella farina e nel lievito fino a ottenere un composto simile al pangrattato. Aggiungere i tuorli d'uovo e 5 ml/1 cucchiaino di succo di limone e impastare fino a ottenere un impasto morbido. Stendere due terzi della pasta frolla (pasta) e utilizzare per rivestire una tortiera (stampo) da 23 cm/9 imburrata.

Mettere le fettine di mela, le albicocche e l'uvetta in una padella con il succo di limone rimasto e l'acqua. Fate sobbollire dolcemente per 5 minuti, poi scolateli. Versare la frutta nella tortiera. Mescolare la cannella e le mandorle tritate e cospargere sopra. Stendete la pasta rimasta e fate un coperchio per la torta. Sigillate il bordo con un po' d'acqua e spennellate la superficie con l'albume. Cuocere in forno preriscaldato a 180°C/350°F/gas mark 4 per circa 45 minuti fino a quando saranno sodi e dorati.

Torta Semplice Norvegese

Fa uno 25 cm/10 in torta

225 g/8 oz/1 tazza di burro o margarina, ammorbidito

275 g/10 oz/1¼ tazze di zucchero semolato (superfino)

5 uova

175 g/6 oz/1½ tazze di farina (per tutti gli usi)

7,5 ml/1½ cucchiaino di lievito in polvere

Un pizzico di sale

5 ml/1 cucchiaino di essenza di mandorle (estratto)

Montare il burro o la margarina e lo zucchero fino a quando non sono ben amalgamati. Aggiungere gradualmente le uova, sbattendo bene dopo ogni aggiunta. Sbattere la farina, il lievito, il sale e l'essenza di mandorle fino a ottenere un composto omogeneo. Versare in una tortiera (stampo) da 25 cm/10 non unta e cuocere in forno preriscaldato a 160°C/320°F/gas mark 3 per 1 ora fino a quando non si rassoda al tatto. Lasciare raffreddare nello stampo per 10 minuti prima di sformare su una gratella per completare il raffreddamento.

Kransekake norvegese

Fa uno 25 cm/10 in torta

450 g/1 lb/4 tazze di mandorle tritate

100 g/4 oz/1 tazza di mandorle amare macinate

450 g/1 lb/22/3 tazze di zucchero a velo (confettieri)

3 albumi d'uovo

Per la glassa (glassa):

75 g/3 oz/½ tazza di zucchero a velo (confettieri)

½ albume d'uovo

2,5 ml/½ cucchiaino di succo di limone

Mescolate in un pentolino le mandorle e lo zucchero a velo. Incorporare un albume, quindi mettere il composto a fuoco basso fino a renderlo tiepido. Togliere dal fuoco e incorporare gli albumi rimasti. Mettere il composto in una sac a poche con bocchetta scanalata (punta) di 1 cm/½ e formare una spirale di 25 cm/10 di diametro su una teglia unta (biscotto). Continua a formare spirali, ognuna di 5 mm/¼ più piccola dell'altra, fino ad ottenere un cerchio di 5 cm/2. Cuocere in forno preriscaldato a 150°C/300°F/gas mark 2 per circa 15 minuti fino a doratura. Mentre sono ancora calde, adagiatele una sopra l'altra per formare una torre.

Mescolare gli ingredienti della glassa e tracciare linee a zig-zag su tutta la torta attraverso un beccuccio sottile.

Torte portoghesi al cocco

fa 12

4 uova, separate

450 g/1 lb/2 tazze di zucchero semolato (superfino)

450 g/1 lb/4 tazze di cocco disidratato (grattugiato)

100 g/4 oz/1 tazza di farina di riso

50 ml/2 fl oz/3½ cucchiaio di acqua di rose

1,5 ml/¼ cucchiaino di cannella in polvere

1,5 ml/¼ cucchiaino di cardamomo macinato

Un pizzico di chiodi di garofano macinati

Un pizzico di noce moscata grattugiata

25 g/1 oz/¼ tazza di mandorle a scaglie (a scaglie)

Sbattere insieme i tuorli e lo zucchero fino a quando non saranno chiari. Incorporare la noce di cocco, quindi incorporare la farina. Mescolare l'acqua di rose e le spezie. Montare gli albumi a neve ben ferma, quindi incorporarli al composto. Versare in una teglia da forno quadrata da 25 cm/10 unta (teglia) e cospargere con le mandorle. Cuocere in forno preriscaldato a 180°C/350°F/gas mark 4 per 50 minuti fino a quando uno stecchino inserito al centro non esce pulito. Lasciare raffreddare nello stampo per 10 minuti, quindi tagliare a quadrotti.

Torta Scandinava

Fa una torta di 23 cm/9

2 uova

150 g/5 oz/2/3 tazza di zucchero di canna morbido

50 g/2 oz/¼ tazza di burro o margarina, sciolto

10 ml/2 cucchiaini di scorza d'arancia grattugiata

150 g/5 oz/1¼ tazze di farina normale (per tutti gli usi)

7,5 ml/1½ cucchiaino di lievito in polvere

60 ml/4 cucchiai di panna doppia (pesante)

Per la farcitura:

50 g/2 oz/¼ tazza di burro o margarina

50 g/2 oz/¼ tazza di zucchero semolato (superfino)

100 g/4 oz/1 tazza di mandorle, tritate

15 ml/1 cucchiaio di panna doppia (pesante)

30 ml/2 cucchiai di farina (per tutti gli usi)

Sbattere le uova e lo zucchero fino ad ottenere un composto chiaro e spumoso. Incorporare il burro o la margarina e la scorza d'arancia, quindi incorporare la farina e il lievito. Incorporare la crema. Versare il composto in una tortiera (stampo) da 23 cm/9 imburrata e infarinata e cuocere in forno preriscaldato a 180°C/350°C/gas mark 4 per 20 minuti.

Per fare la copertura, scaldare gli ingredienti in una padella, mescolando fino a quando non saranno ben amalgamati e portare a ebollizione. Versare sulla torta. Aumentare la temperatura del forno a 200°C/400°F/gas mark 6 e rimettere la torta in forno per altri 15 minuti fino a doratura.

Biscotti Hertzog sudafricani

fa 12

75 g/3 oz/¾ tazza di farina normale (per tutti gli usi)

15 ml/1 cucchiaio di zucchero semolato (superfino)

5 ml/1 cucchiaino di lievito per dolci

Un pizzico di sale

40 g/1½ oz/3 cucchiai di burro o margarina

1 tuorlo d'uovo grande

5 ml/1 cucchiaino di latte

Per il ripieno:

30 ml/2 cucchiai di marmellata di albicocche (conserva)

1 albume grande

100 g/4 oz/½ tazza di zucchero semolato (superfino)

50 g/2 oz/½ tazza di cocco disidratato (grattugiato)

Mescolare insieme la farina, lo zucchero, il lievito e il sale. Strofinare il burro o la margarina fino a quando il composto non assomiglia al pangrattato. Incorporare il tuorlo d'uovo e il latte quanto basta per ottenere un impasto morbido. Impastare bene. Stendere l'impasto su una superficie leggermente infarinata, tagliare a cerchi con un tagliabiscotti (biscotto) e utilizzare per rivestire gli stampini per ciambelle imburrati (teglie per polpette). Adagiate al centro di ognuna un cucchiaio di marmellata.

Per preparare il ripieno, sbattere l'albume a neve, quindi sbattere lo zucchero fino a quando non diventa bianco e lucido. Incorporare il cocco. Versate il ripieno nei pirottini (gusci di torta), facendo attenzione che copra la marmellata. Cuocere in forno preriscaldato a 180°C/350°F/gas mark 4 per 20 minuti fino a doratura. Lasciare raffreddare negli stampini per 5 minuti prima di sformare su una gratella per completare il raffreddamento.

Torta Basca

Fa uno 25 cm/10 in torta

Per il ripieno:

50 g/2 oz/¼ tazza di zucchero semolato (superfino)

25 g/1 oz/¼ tazza di amido di mais (amido di mais)

2 tuorli d'uovo

300 ml/½ pt/1¼ tazze di latte

½ bacca di vaniglia (baccello)

Un po' di zucchero a velo (da pasticceri)

Per la torta:

275 g/10 oz/1¼ tazze di burro o margarina, ammorbidito

175 g/5 oz/¼ tazza di zucchero semolato (superfino)

3 uova

5 ml/1 cucchiaino di essenza di vaniglia (estratto)

450 g/1 lb/4 tazze di farina normale (per tutti gli usi)

10 ml/2 cucchiaini di lievito per dolci

Un pizzico di sale

15 ml/1 cucchiaio di brandy

Zucchero a velo (confettieri) per spolverare

Per fare il ripieno, sbattere metà dello zucchero semolato con la maizena, i tuorli d'uovo e un po' di latte. Portare a bollore il resto del latte e dello zucchero con il baccello di vaniglia, quindi versare a filo il composto di zucchero e uova, continuando a sbattere. Portare a bollore e cuocere per 3 minuti, sempre sbattendo. Versate in una ciotola, spolverizzate con zucchero a velo per evitare che si formi la pellicina e lasciate raffreddare.

Per preparare la torta, sbattere insieme il burro o la margarina e lo zucchero semolato fino a ottenere un composto chiaro e spumoso. Incorporare gradualmente le uova e l'essenza di vaniglia alternandole con i cucchiai di farina, il lievito e il sale, quindi incorporare la farina rimanente. Trasferire il composto in una sac a poche con bocchetta liscia da 1 cm/½ (punta) e versare metà del composto a spirale sul fondo di una tortiera (stampo) da 25 cm/10 imburrata e infarinata. Farcire un cerchio sopra il bordo per formare un labbro per contenere il ripieno. Eliminare il baccello di vaniglia dal ripieno, aggiungere il brandy e frullare fino a ottenere un composto omogeneo, quindi versare sopra il composto della torta. Versare sopra il composto rimanente della torta a spirale. Cuocere in forno preriscaldato a 190°C/375°F/gas mark 5 per 50 minuti fino a doratura e soda al tatto. Lasciare raffreddare, quindi spolverare con zucchero a velo.

Gâteau della Foresta Nera

Per una torta di 18 cm/7

175 g/6 oz/¾ tazza di burro o margarina, ammorbidito

175 g/6 oz/¾ tazza di zucchero semolato (superfino)

3 uova, leggermente sbattute

150 g/5 oz/1¼ tazze di farina autolievitante (autolievitante)

25 g/1 oz/¼ tazza di cacao (cioccolato non zuccherato) in polvere

10 ml/2 cucchiaini di lievito per dolci

90 ml/6 cucchiai di marmellata di ciliegie (conserva)

100 g/4 oz/1 tazza di cioccolato fondente (semidolce), finemente grattugiato

400 g/1 lattina grande di amarene, scolate e conservate nel succo

150 ml/¼ pt/2/3 tazza di panna doppia (pesante), montata

10 ml/2 cucchiaini di radice di freccia

Montare il burro o la margarina e lo zucchero fino a ottenere un composto chiaro e spumoso. Sbattere gradualmente le uova, quindi incorporare la farina, il cacao e il lievito. Dividere il composto in due stampini da sandwich (teglie) da 18 cm/7 imburrati e foderati e cuocere in forno preriscaldato a 180°C/ 350°F/gas mark 4 per 25 minuti fino a che non risultino sodi al tatto. Lasciare raffreddare.

Avvolgere le torte con un po' di marmellata e spalmare il resto sui lati della torta. Pressate il cioccolato grattugiato sui lati della torta. Disporre le ciliegie in modo attraente sopra. Distribuire la crema intorno al bordo superiore della torta. Scaldare la radice di freccia con un po' di succo di ciliegia e spennellare la frutta per glassarla.

Gâteau Cioccolato e Mandorle

Fa una torta di 23 cm/9

100 g/4 oz/1 tazza di cioccolato fondente (semidolce)

100 g/4 oz/½ tazza di burro o margarina, ammorbidito

150 g/5 oz/2/3 tazza di zucchero semolato (superfino)

3 uova, separate

50 g/2 oz/½ tazza di mandorle tritate

100 g/4 oz/1 tazza di farina (per tutti gli usi))

Per il ripieno:

225 g/8 oz/2 tazze di cioccolato fondente (semidolce)

300 ml/½ pt/1¼ tazze di panna doppia (pesante)

75 g/3 oz/¼ tazza di marmellata di lamponi (conserva)

Sciogliere il cioccolato in una ciotola resistente al calore posta sopra una pentola di acqua bollente. Montare insieme il burro o la margarina e lo zucchero, quindi incorporare il cioccolato e i tuorli d'uovo. Incorporare le mandorle tritate e la farina. Montare gli albumi a neve ben ferma, quindi incorporarli al composto. Versare in una tortiera (stampo) di 23 cm/9 imburrata e infarinata e cuocere in forno preriscaldato a 180°C/350°F/gas mark 4 per 40 minuti fino a quando non diventa soda al tatto. Lasciare raffreddare, quindi tagliare la torta a metà orizzontalmente.

Per preparare il ripieno, sciogliere il cioccolato e la panna in una ciotola resistente al calore posta su una pentola di acqua bollente. Mescolare fino a che liscio, quindi lasciare raffreddare, mescolando di tanto in tanto. Avvolgere le torte con la marmellata e metà della crema al cioccolato, quindi spalmare la crema rimanente sulla parte superiore e sui lati della torta e lasciar rapprendere.

Cheesecake al cioccolato Gâteau

Fa una torta di 23 cm/9

Per la base:

25 g/1 oz/2 cucchiai di zucchero semolato (superfino)

175 g/6 oz/1½ tazze di biscotti digestivi (Graham cracker) di briciole

75 g/3 oz/1/3 tazza di burro o margarina, sciolto

Per il ripieno:

100 g/4 oz/1 tazza di cioccolato fondente (semidolce)

300 g/10 oz/1¼ tazze di crema di formaggio

3 uova, separate

45 ml/3 cucchiai di cacao (cioccolato non zuccherato) in polvere

25 g/1 oz/¼ tazza di farina (per tutti gli usi))

50 g /2 oz/ soft tazza di zucchero di canna morbido

150 ml/¼ pt/2/3 tazza di panna acida (acida da latte)

50 g/2 oz/¼ tazza di zucchero semolato (superfino) Per la decorazione:

100 g/4 oz/1 tazza di cioccolato fondente (semidolce)

25 g/1 oz/2 cucchiai di burro o margarina

120 ml/4 fl oz/½ tazza di panna doppia (pesante)

6 ciliegie glassate (candite)

Per preparare la base, unire lo zucchero e i biscotti sbriciolati al burro fuso e premere sul fondo e sui lati di una tortiera a cerniera da 23 cm/9 imburrata.

Per preparare il ripieno, sciogliere il cioccolato in una ciotola resistente al calore posta su una pentola di acqua bollente. Lasciar raffreddare leggermente. Montare il formaggio con i tuorli, il cacao, la farina, lo zucchero di canna e la panna acida, quindi incorporare il cioccolato fuso. Montare a neve gli albumi fino a formare dei picchi morbidi, quindi aggiungere lo zucchero semolato e montare ancora fino a ottenere un composto spumoso e lucido. Incorporate al composto aiutandovi con un cucchiaio di metallo e versate sopra la base, livellando la superficie. Cuocere in forno preriscaldato a 160°C/325°F/gas mark 3 per 1 ora e mezza. Spegnete il forno e lasciate raffreddare la torta in forno con lo sportello socchiuso. Raffreddare fino a quando non si ferma, quindi rimuovere dallo stampo.

Per decorare, sciogliere il cioccolato e il burro o la margarina in una ciotola resistente al calore posta su una pentola di acqua bollente. Togliere dal fuoco e lasciare raffreddare leggermente, quindi incorporare la panna. Agitare il cioccolato sulla parte superiore della torta seguendo dei motivi, quindi decorare con le ciliegie glassate.

Gâteau al cioccolato fondente

Fa una torta di 20 cm/8 in

75 g/3 oz/¾ tazza di cioccolato fondente (semidolce), tritato

200 ml/7 fl oz/scarsa 1 tazza di latte

225 g/8 oz/1 tazza di zucchero di canna scuro

75 g/3 oz/1/3 tazza di burro o margarina, ammorbidito

2 uova, leggermente sbattute

2,5 ml/½ cucchiaino di essenza di vaniglia (estratto)

150 g/5 oz/1¼ tazze di farina normale (per tutti gli usi)

25 g/1 oz/¼ tazza di cacao (cioccolato non zuccherato) in polvere

5 ml/1 cucchiaino di bicarbonato di sodio (bicarbonato di sodio)

Per la glassa (glassa):

100 g/4 oz/1 tazza di cioccolato fondente (semidolce)

100 g/4 oz/½ tazza di burro o margarina, ammorbidito

225 g/8 oz/11/3 tazze di zucchero a velo (confettieri), setacciato

Scaglie o riccioli di cioccolato per decorare

Sciogliere insieme il cioccolato, il latte e 75 g/3 oz/1/3 tazza di zucchero in una padella, quindi lasciar raffreddare leggermente. Montare il burro e lo zucchero rimanente fino a ottenere un composto chiaro e spumoso. Sbattere gradualmente le uova e l'essenza di vaniglia, quindi incorporare il composto di cioccolato. Incorporare delicatamente la farina, il cacao e il bicarbonato di sodio. Versare il composto in due stampini per sandwich (teglie) da 20 cm unti e infarinati e cuocere in forno preriscaldato a 180°C/350°F/gas mark 4 per 30 minuti fino a quando non diventa elastico al tatto. Lasciare raffreddare negli stampini per 3 minuti, quindi capovolgere su una gratella per completare il raffreddamento.

Per preparare la glassa, sciogliere il cioccolato in una ciotola resistente al calore posta su una pentola di acqua bollente. Sbattere il burro o la margarina e lo zucchero fino a renderli morbidi, quindi incorporare il cioccolato fuso. Avvolgere le torte insieme a un terzo della glassa, quindi distribuire il resto sulla parte superiore e sui lati della torta. Decorate la superficie con scaglie sbriciolate o fate dei riccioli raschiando un coltello affilato lungo il lato di una tavoletta di cioccolato.

Gâteau di carruba e menta

Fa una torta di 20 cm/8 in

3 uova

50 g/2 oz/¼ tazza di zucchero semolato (superfino)

75 g/3 oz/1/3 tazza di farina autolievitante (autolievitante)

25 g/1 oz/¼ tazza di carruba in polvere

150 ml/¼ pt/2/3 tazza di panna da montare

Qualche goccia di essenza di menta piperita (estratto)

50 g/2 oz/½ tazza di noci miste tritate

Sbattere le uova fino a renderle pallide. Montare lo zucchero e continuare fino a quando il composto non diventa chiaro e cremoso e si stacca dalla frusta a fiocchi. Questo potrebbe richiedere 15-20 minuti. Mescolare la farina e la polvere di carruba e incorporare al composto di uova. Versare in due tortiere (teglie) imburrate e foderate di 20 cm/18 e cuocere in forno preriscaldato a 180°C/350°F/gas mark 4 per 15 minuti fino a quando non saranno elastiche al tatto. Freddo.

Montare la panna a neve morbida, incorporare l'essenza e le noci. Tagliare ogni torta a metà orizzontalmente e avvolgere tutte le torte insieme alla crema.

Gâteau al caffè freddo

Per una torta di 18 cm/7

225 g/8 oz/1 tazza di burro o margarina

100 g/4 oz/½ tazza di zucchero semolato (superfino)

2 uova, leggermente sbattute

100 g/4 oz/1 tazza di farina autolievitante (autolievitante)

Un pizzico di sale

30 ml/2 cucchiai di essenza di caffè (estratto)

100 g/4 oz/1 tazza di mandorle in scaglie (a scaglie)

225 g/8 oz/11/3 tazze di zucchero a velo (confettieri), setacciato

Sbattere metà del burro o della margarina e lo zucchero semolato fino a ottenere un composto chiaro e spumoso. Sbattere gradualmente le uova, quindi incorporare la farina, il sale e 15 ml/1 cucchiaio di essenza di caffè. Versare il composto in due stampini per sandwich (teglie) da 18 cm/7 imburrati e infarinati e cuocere in forno preriscaldato a 180°C/350°F/gas mark 4 per 25 minuti fino a che non risultino sodi al tatto. Lasciare raffreddare. Mettere le mandorle in una padella asciutta (padella) e tostarle a fuoco medio, scuotendo continuamente la padella, fino a doratura.

Sbattere il burro o la margarina rimanenti fino a renderli morbidi, quindi incorporare gradualmente lo zucchero a velo e l'essenza di caffè rimanente fino a ottenere una consistenza spalmabile. Sandwich le torte insieme a un terzo della glassa (glassa). Distribuire metà della glassa rimanente intorno ai lati della torta e premere le mandorle tostate nella glassa. Distribuire il resto sulla parte superiore della torta e segnare i motivi con una forchetta.

Anello Caffè e Noci Gâteau

Fa una torta di 23 cm/9

Per la torta:

15 ml/1 cucchiaio di caffè istantaneo in polvere

15 ml/1 cucchiaio di latte

100 g/4 oz/1 tazza di farina autolievitante (autolievitante)

5 ml/1 cucchiaino di lievito per dolci

100 g/4 oz/½ tazza di burro o margarina, ammorbidito

100 g/4 oz/½ tazza di zucchero semolato (superfino)

2 uova, leggermente sbattute

Per il ripieno:

45 ml/3 cucchiai di marmellata di albicocche (conserva), setacciata (filtrata)

15 ml/1 cucchiaio di acqua

10 ml/2 cucchiaini di caffè istantaneo in polvere

30 ml/2 cucchiai di latte

100 g/4 oz/2/3 tazza di zucchero a velo (confettieri), setacciato

50 g/2 oz/¼ tazza di burro o margarina, ammorbidito

50 g/2 oz/½ tazza di noci, tritate

Per la glassa (glassa):

30 ml/2 cucchiai di caffè istantaneo in polvere

90 ml/6 cucchiai di latte

450 g/1 lb/22/3 tazze di zucchero a velo (confettieri), setacciato

50 g/2 oz/¼ tazza di burro o margarina

Qualche metà di noce per decorare

Per fare la torta, sciogliere il caffè nel latte, quindi unire agli altri ingredienti della torta e sbattere fino a quando il tutto sarà ben amalgamato. Versare in uno stampo ad anello da 23 cm/9 imburrato (stampo per tubi) e cuocere in forno preriscaldato a 160°C/325°F/gas mark 3 per 40 minuti fino a quando non diventa elastico al tatto. Lasciare raffreddare nello stampo per 5 minuti, quindi capovolgere su una gratella per completare il raffreddamento. Tagliate la torta a metà orizzontalmente.

Per preparare il ripieno, scaldare la marmellata e l'acqua fino a quando non saranno ben amalgamati, quindi spennellare le superfici tagliate della torta. Sciogliete il caffè nel latte, poi unitelo allo zucchero a velo con il burro o la margarina e le noci e sbattete fino ad ottenere una consistenza spalmabile. Unire le due metà della torta con il ripieno.

Per preparare la glassa, sciogliere il caffè nel latte in una ciotola resistente al calore posta sopra una pentola di acqua bollente. Aggiungere lo zucchero a velo e il burro o la margarina e sbattere fino a che liscio. Togliere dal fuoco e lasciar raffreddare e addensare fino a raggiungere la consistenza della patina, sbattendo di tanto in tanto. Versare la glassa sulla torta, decorare con metà di noce e lasciar rapprendere.

Gâteau danese al cioccolato e crema pasticcera

Fa una torta di 23 cm/9

4 uova, separate

175 g/6 oz/1 tazza di zucchero a velo (confettieri), setacciato

Buccia grattugiata di ½ limone

60 g/2½ oz/2/3 tazza di farina (per tutti gli usi)

60 g/2½ oz/2/3 tazza di fecola di patate

2,5 ml/½ cucchiaino di lievito in polvere

Per il ripieno:
45 ml/3 cucchiai di zucchero semolato (superfino)

15 ml/1 cucchiaio di amido di mais (amido di mais)

300 ml/½ pt/1¼ tazze di latte

3 tuorli d'uovo sbattuti

50 g/2 oz/½ tazza di noci miste tritate

150 ml/¼ pt/2/3 tazza di panna doppia (pesante)

Per la farcitura:
100 g/4 oz/1 tazza di cioccolato fondente (semidolce)

30 ml/2 cucchiai di panna doppia (pesante)

25 g/1 oz/¼ tazza di cioccolato bianco, grattugiato o tagliato a riccioli

Montare i tuorli d'uovo con lo zucchero a velo e la scorza di limone. Incorporare le farine e il lievito. Montare gli albumi a neve ben ferma, quindi incorporarli al composto aiutandosi con un cucchiaio di metallo. Versare in una tortiera (stampo) da 23 cm/9 imburrata e infarinata e cuocere in forno preriscaldato a 190°C/375°F/gas mark 5 per 20 minuti fino a doratura ed elastica al tatto. Lasciare raffreddare nello stampo per 5 minuti, quindi capovolgere su una gratella per completare il raffreddamento. Tagliate la torta orizzontalmente in tre strati.

Per preparare il ripieno, unire lo zucchero e la maizena fino ad ottenere una pasta con un po' di latte. Portare a bollore il latte rimanente, quindi versarlo sulla miscela di amido di mais e mescolare bene. Rimettete nella padella risciacquata e mescolate continuamente a fuoco molto dolce finché la crema non si addensa. Sbattere i tuorli d'uovo a fuoco molto basso senza far bollire la crema. Lasciare raffreddare leggermente, quindi incorporare le noci. Montare la panna a neve ferma, quindi incorporarla alla crema pasticcera. Unire gli strati alla crema pasticcera.

Per la copertura, sciogliere il cioccolato con la panna in una ciotola resistente al calore posta su una pentola di acqua bollente. Stendere sulla superficie della torta e decorare con cioccolato bianco grattugiato.

Gâteau di frutta

Fa una torta di 20 cm/8 in

1 mela da cucina (crostata), sbucciata, privata del torsolo e tritata

25 g/1 oz/¼ tazza di fichi secchi, tritati

25 g/1 oz/¼ tazza di uvetta

75 g/3 oz/1/3 tazza di burro o margarina, ammorbidito

2 uova

175 g/6 oz/1½ tazze di farina integrale (integrale)

5 ml/1 cucchiaino di lievito per dolci

30 ml/2 cucchiai di latte scremato

15 ml/1 cucchiaio di gelatina

30 ml/2 cucchiai di acqua

400 g/1 lattina grande di ananas tritato, sgocciolato

300 ml/½ pt/1¼ tazze di formaggio fresco

150 ml/¼ pt/2/3 tazza di panna da montare

Mescolare insieme la mela, i fichi, l'uvetta e il burro o la margarina. Sbattere le uova. Incorporare la farina e il lievito e il latte quanto basta per ottenere un composto morbido. Versare in una tortiera (stampo) di 20 cm/8 unta e cuocere in forno preriscaldato a 180°C/350°F/gas mark 4 per 30 minuti fino a quando non si rassoda al tatto. Togliete dallo stampo e fate raffreddare su una gratella.

Per fare il ripieno, cospargere la gelatina sull'acqua in una piccola ciotola e lasciare fino a renderla spugnosa. Metti la ciotola in una pentola di acqua calda e lascia che si dissolva. Lasciar raffreddare leggermente. Incorporare l'ananas, il formaggio fresco e la panna e raffreddare fino a quando non si rapprende. Tagliare la torta a metà orizzontalmente e farcirla con la crema.

Savarin alla frutta

Fa una torta di 20 cm/8 in

15 g/½ oz di lievito fresco o 20 ml/4 cucchiaini di lievito secco

45 ml/3 cucchiai di latte caldo

100 g/4 oz/1 tazza di farina (di pane) forte

Un pizzico di sale

5 ml/1 cucchiaino di zucchero

2 uova, sbattute

50 g/2 oz/¼ tazza di burro o margarina, ammorbidito

Per lo sciroppo:
225 g/8 oz/1 tazza di zucchero semolato (superfino)

300 ml/½ pt/1¼ tazze di acqua

45 ml/3 cucchiai di kirsch

Per il ripieno:
2 banane

100 g/4 oz di fragole, a fette

100 g/4 oz di lamponi

Mescolare insieme il lievito e il latte, quindi lavorare con 15 ml/1 cucchiaio di farina. Lasciar riposare fino a quando non sarà spumoso. Aggiungere la farina rimanente, il sale, lo zucchero, le uova e il burro e sbattere fino ad ottenere un impasto morbido. Versare in uno stampo da savarin o ad anello (stampo a tubo) imburrato e infarinato da 20 cm/8 e lasciare in un luogo caldo per circa 45 minuti fino a quando il composto raggiunge quasi la parte superiore della tortiera. Cuocere in forno preriscaldato per 30 minuti fino a doratura e ritirarsi dalle pareti dello stampo. Capovolgere su una gratella sopra un vassoio e bucherellare tutto con uno stecchino.

Mentre il savarin cuoce, preparatc lo sciroppo. Sciogliere lo zucchero nell'acqua a fuoco basso, mescolando di tanto in tanto. Portate a bollore e fate sobbollire senza mescolare per 5 minuti fino ad ottenere uno sciroppo. Incorporare il kirsch. Versare lo sciroppo caldo sul savarin fino a saturazione. Lasciare raffreddare.

Affettate sottilmente le banane e mescolatele con l'altra frutta e lo sciroppo che è colato nella teglia. Adagiate il savarin su un piatto e adagiate la frutta al centro poco prima di servire.

Torta a strati allo zenzero

Per una torta di 18 cm/7

100 g/4 oz/1 tazza di farina autolievitante (autolievitante)

5 ml/1 cucchiaino di lievito per dolci

100 g/4 oz/½ tazza di burro o margarina, ammorbidito

100 g/4 oz/½ tazza di zucchero semolato (superfino)

2 uova

Per il ripieno e la decorazione:
150 ml/¼ pt/2/3 tazza da montare o panna doppia (pesante)

100 g/4 oz/1/3 tazza di marmellata di zenzero

4 biscotti allo zenzero (biscotti), schiacciati

Qualche pezzetto di zenzero cristallizzato (candito)

Sbattere tutti gli ingredienti della torta fino a quando non sono ben amalgamati. Versare in due stampini per sandwich (teglie) da 18 cm/7 imburrati e foderati e cuocere in forno preriscaldato a 160°C/325°F/gas mark 3 per 25 minuti fino a doratura ed elastica al tatto. Lasciare raffreddare negli stampini per 5 minuti, quindi capovolgere su una gratella per completare il raffreddamento. Tagliare ogni torta a metà orizzontalmente.

Per preparare il ripieno, montare la panna a neve. Spalmare lo strato base di una torta con metà della marmellata e adagiarvi sopra il secondo strato. Spalmare con metà della crema e ricoprire con lo strato successivo. Spalmatela con la marmellata rimasta e ricoprite con lo strato finale. Spalmate sopra la restante crema e decorate con i biscotti sbriciolati e lo zenzero cristallizzato.

Gâteau, uva e pesche

Fa una torta di 20 cm/8 in

4 uova

100 g/4 oz/½ tazza di zucchero semolato (superfino)

75 g/6 oz/1½ tazze di farina (per tutti gli usi)

Un pizzico di sale

Per il ripieno e la decorazione:

100 g/1 lattina grande di pesche sciroppate

450 ml/¾ pt/2 tazze di panna doppia (pesante)

50 g/2 oz/¼ tazza di zucchero semolato (superfino)

Qualche goccia di essenza di vaniglia (estratto)

100 g/4 oz/1 tazza di nocciole, tritate

100 g/4 oz di uva senza semi (senza nocciolo)

Un rametto di menta fresca

Sbattere le uova e lo zucchero fino a quando il composto non diventa denso e chiaro e si stacca dalla frusta a nastri. Setacciare la farina e il sale e incorporare delicatamente fino ad amalgamare. Versare in uno stampo a cerniera da 20 cm/8 in una teglia imburrata e foderata e cuocere in forno preriscaldato a 180°C/350°F/gas mark 4 per 30 minuti fino a quando uno stecchino inserito al centro non esce pulito. Lasciare raffreddare nello stampo per 5 minuti, quindi capovolgere su una gratella per completare il raffreddamento. Tagliate la torta a metà orizzontalmente.

Scolare le pesche e conservare 90 ml/6 cucchiai di sciroppo. Affettate sottilmente metà delle pesche e tritate il resto. Montare la panna con lo zucchero e l'essenza di vaniglia fino a renderla densa. Spalmare metà della crema sullo strato inferiore della torta, cospargere con le pesche tritate e sostituire la parte superiore della torta. Spalmare la restante crema sui lati e sopra la torta. Premi le noci tritate intorno ai lati. Disporre le pesche a fette intorno al bordo della parte superiore della torta e l'uva al centro. Decorate con un rametto di menta.

Gâteau al limone

Per una torta di 18 cm/7

Per la torta:
100 g/4 oz/½ tazza di burro o margarina, ammorbidito

100 g/4 oz/½ tazza di zucchero semolato (superfino)

2 uova, leggermente sbattute

100 g/4 oz/1 tazza di farina autolievitante (autolievitante)

Un pizzico di sale

Buccia grattugiata e succo di 1 limone

Per la glassa (glassa):
100 g/4 oz/½ tazza di burro o margarina, ammorbidito

225 g/8 oz/11/3 tazze di zucchero a velo (confettieri), setacciato

100 g/4 oz/1/3 tazza di cagliata di limone

Fiori di glassa per la decorazione

Per preparare la torta, sbattere insieme il burro o la margarina e lo zucchero fino a ottenere un composto chiaro e spumoso. Sbattere gradualmente le uova, quindi incorporare la farina, il sale e la scorza di limone. Versare il composto in due stampini per sandwich (teglie) da 18 cm/7 imburrati e infarinati e cuocere in forno preriscaldato a 180°C/350°F/gas mark 4 per 25 minuti fino a che non risultino sodi al tatto. Lasciare raffreddare.

Per preparare la glassa, sbattere il burro o la margarina fino a renderlo morbido, quindi aggiungere lo zucchero a velo e il succo di limone per ottenere una consistenza spalmabile. Avvolgere le torte insieme alla cagliata di limone e distribuire tre quarti della glassa sulla parte superiore e sui lati della torta, segnando i motivi con una forchetta. Mettere il resto della glassa in una sac a poche con bocchetta a stella (punta) e formare delle rosette intorno alla parte superiore della torta. Decorare con fiori di glassa.

Marron Gâteau

Fa uno 25 cm/10 in torta

425 g/1 lattina grande purea di castagne

6 uova, separate

5 ml/1 cucchiaino di essenza di vaniglia (estratto)

5 ml/1 cucchiaino di cannella in polvere

350 g/12 oz/2 tazze di zucchero a velo (confettieri), setacciato

100 g/4 oz/1 tazza di farina (per tutti gli usi))

5 ml/1 cucchiaino di gelatina in polvere

30 ml/2 cucchiai di acqua

15 ml/1 cucchiaio di rum

300 ml/½ pt/1¼ tazze di panna doppia (pesante)

90 ml/6 cucchiai di marmellata di albicocche (conserva), setacciata (filtrata)

30 ml/2 cucchiai di acqua

450 g/1 lb/4 tazze di cioccolato fondente (semidolce), spezzato in pezzi

100 g/4 oz pasta di mandorle

30 ml/2 cucchiai di pistacchi tritati

Setacciare la purea di castagne e mescolare fino ad ottenere un composto omogeneo, quindi dividere a metà. Mescolare una metà con i tuorli d'uovo, l'essenza di vaniglia, la cannella e 50 g/2 oz/1/3 tazza di zucchero a velo. Montare gli albumi a neve, quindi incorporare gradualmente 175 g/6 oz/1 tazza di zucchero a velo fino a quando il composto non forma picchi rigidi. Incorporare al composto di tuorli e castagne. Incorporare la farina e versare in una tortiera (stampo) di 25 cm/10 imburrata e infarinata. Cuocere in forno preriscaldato a 180°C/350°F/gas mark 4 per 45 minuti finché non diventa elastico al tatto. Lasciare raffreddare, quindi coprire e lasciare per una notte.

Cospargere la gelatina sopra l'acqua in una ciotola e lasciare fino a renderla spugnosa. Metti la ciotola in una pentola di acqua calda e lascia che si dissolva. Lasciar raffreddare leggermente. Mescolare la restante purea di castagne con lo zucchero a velo rimasto e il rum. Montare la panna a neve, quindi incorporarla alla purea con la gelatina sciolta. Tagliare la torta orizzontalmente in tre e farcire con il purè di castagne. Rifilate i bordi, poi mettete in frigo per 30 minuti.

Far bollire la marmellata con l'acqua fino a quando non sarà ben amalgamata, quindi spennellare la superficie e i lati della torta. Sciogliere il cioccolato in una ciotola resistente al calore posta sopra una pentola di acqua bollente. Formate con la pasta di mandorle 16 forme di castagne. Immergete la base nel cioccolato fuso, poi nei pistacchi. Spalmate il restante cioccolato sulla superficie e sui lati della torta e livellate la superficie con una spatola. Disponete le castagne di pasta di mandorle lungo il bordo mentre il cioccolato è ancora caldo e dividete in 16 fette. Lasciare raffreddare e impostare.

Millefoglie

Fa una torta di 23 cm/9

225 g/8 oz di pasta sfoglia

150 ml/¼ pt/2/3 tazza doppia (pesante) o panna da montare

45 ml/3 cucchiai di marmellata di lamponi (conserva)

Zucchero a velo (confettieri), setacciato

Stendere la pasta (pasta) ad uno spessore di circa 3 mm/1/8 e tagliarla in tre rettangoli uguali. Mettere su una teglia (biscotto) inumidita e cuocere in forno preriscaldato a 200°C/400°F/gas mark 6 per 10 minuti fino a doratura. Raffreddare su una gratella. Montare la panna a neve. Spalmare la marmellata sopra due dei rettangoli di pasta frolla. Avvolgere i rettangoli con la crema, guarnendo con la crema rimasta. Servire cosparso di zucchero a velo.

Gâteau all'arancia

Per una torta di 18 cm/7

225 g/8 oz/1 tazza di burro o margarina, ammorbidito

100 g/4 oz/½ tazza di zucchero semolato (superfino)

2 uova, leggermente sbattute

100 g/4 oz/1 tazza di farina autolievitante (autolievitante)

Un pizzico di sale

Buccia grattugiata e succo di 1 arancia

225 g/8 oz/11/3 tazze di zucchero a velo (confettieri), setacciato

Fette d'arancia glacé (candite) per decorare

Sbattere metà del burro o della margarina e lo zucchero semolato fino a ottenere un composto chiaro e spumoso. Sbattere gradualmente le uova, quindi incorporare la farina, il sale e la scorza d'arancia. Versare il composto in due stampini da sandwich (teglie) da 18 cm/7 imburrati e foderati e cuocere in forno preriscaldato a 180°C/ 350°F/gas mark 4 per 25 minuti fino a che non risultino sodi al tatto. Lasciare raffreddare.

Sbattere il burro o la margarina rimanenti fino a renderli morbidi, quindi aggiungere lo zucchero a velo e il succo d'arancia per ottenere una consistenza spalmabile. Avvolgere le torte insieme a un terzo della glassa (glassa), quindi distribuire il resto sulla parte superiore e sui lati della torta, segnando i motivi con una forchetta. Decorare con fettine d'arancia glassate.

Gâteau di marmellata di arance a quattro piani

Fa una torta di 23 cm/9

Per la torta:

200 ml/7 fl oz/scarsa 1 tazza d'acqua

25 g/1 oz/2 cucchiai di burro o margarina

4 uova, leggermente sbattute

300 g/11 oz/11/3 tazze di zucchero semolato (superfino)

5 ml/1 cucchiaino di essenza di vaniglia (estratto)

300 g/11 oz/2¾ tazze di farina normale (per tutti gli usi)

10 ml/2 cucchiaini di lievito per dolci

Un pizzico di sale

Per il ripieno:

30 ml/2 cucchiai di farina (per tutti gli usi)

30 ml/2 cucchiai di amido di mais (amido di mais)

15 ml/1 cucchiaio di zucchero semolato (superfino)

2 uova, separate

450 ml/¾ pt/2 tazze di latte

5 ml/1 cucchiaino di essenza di vaniglia (estratto)

120 ml/4 fl oz/½ tazza di sherry dolce

175 g/6 oz/½ tazza di marmellata di arance

120 ml/4 fl oz/½ tazza di panna doppia (pesante)

100 g/4 oz di croccante di arachidi, tritato

Per preparare la torta, portate a bollore l'acqua con il burro o la margarina. Sbattere le uova e lo zucchero fino a ottenere un composto chiaro e spumoso, quindi continuare a sbattere fino a quando il composto non sarà molto chiaro. Sbattere l'essenza di vaniglia, cospargere di farina, lievito e sale e versare il composto di burro e acqua bollente. Mescolare insieme solo fino a quando non si sono amalgamati. Versare in due tortiere (teglie) da 23 cm/9 imburrate e infarinate e cuocere in forno preriscaldato a 180°C/350°F/gas mark 4 per 25 minuti fino a doratura ed elastica al tatto. Lasciare raffreddare negli stampini per 3 minuti, quindi capovolgere su una gratella per completare il raffreddamento. Tagliare ogni torta a metà orizzontalmente.

Per fare il ripieno, impastare la farina, la maizena, lo zucchero ei tuorli d'uovo fino ad ottenere una pasta con un po' di latte. In un pentolino portare a bollore il restante latte, quindi versarlo nel composto e frullare fino ad ottenere un composto omogeneo. Ritorna nella padella sciacquata e porta a ebollizione a fuoco basso, mescolando continuamente fino a quando non si addensa. Togliere dal fuoco e incorporare l'essenza di vaniglia, quindi lasciare raffreddare leggermente. Montare gli albumi a neve ben ferma, quindi incorporarli.

Cospargere lo sherry sui quattro strati di torta, spalmarne tre con la marmellata, quindi spalmare sopra la crema pasticcera. Assemblare gli strati insieme in un sandwich a quattro livelli. Montate la panna a neve ferma e versatela sopra la torta. Cospargere con il croccante di arachidi.

Gâteau di noci pecan e datteri

Fa una torta di 23 cm/9

250 ml/8 fl oz/1 tazza di acqua bollente

450 g/1 lb/2 tazze di datteri snocciolati (snocciolati), tritati finemente

2,5 ml/½ cucchiaino di bicarbonato di sodio (bicarbonato di sodio)

225 g/8 oz/1 tazza di burro o magarina, ammorbidito

225 g/8 oz/1 tazza di zucchero semolato (superfino)

3 uova

100 g/4 oz/1 tazza di noci pecan tritate

5 ml/1 cucchiaino di essenza di vaniglia (estratto)

350 g/12 oz/3 tazze di farina normale (per tutti gli usi)

10 ml/2 cucchiaini di cannella in polvere

5 ml/1 cucchiaino di lievito per dolci

Per la glassa (glassa):

120 ml/4 fl oz/½ tazza d'acqua

30 ml/2 cucchiai di cacao (cioccolato non zuccherato) in polvere

10 ml/2 cucchiaini di caffè istantaneo in polvere

100 g/4 oz/½ tazza di burro o margarina

400 g/14 oz/21/3 tazze di zucchero a velo (confettieri), setacciato

50 g/2 oz/½ tazza di noci pecan, tritate finemente

Per preparare la torta, versare l'acqua bollente sui datteri e il bicarbonato di sodio e lasciar riposare fino a quando non si raffredda. Montare il burro o la margarina e lo zucchero semolato fino a ottenere un composto chiaro e spumoso. Sbattere gradualmente le uova, quindi incorporare le noci, l'essenza di vaniglia e i dattcri. Incorporare la farina, la cannella e il lievito. Versare in due stampini per sandwich (teglie) da 23 cm/9 unti e cuocere in forno preriscaldato a 180°C/350°F/gas mark 4 per 30 minuti finché non diventano elastici al tatto. Sformare su una gratella a raffreddare.

Per la glassa fate bollire in un pentolino acqua, cacao e caffè fino ad ottenere uno sciroppo denso. Lasciare raffreddare. Sbattere insieme il burro o la margarina e lo zucchero a velo fino a renderli morbidi, quindi incorporare lo sciroppo. Sandwich le torte insieme a un terzo della glassa. Distribuire metà della glassa rimanente intorno ai lati della torta, quindi premere sulle noci pecan tritate. Distribuire la maggior parte della glassa rimanente sopra e formare alcune rosette di glassa.

Gâteau di prugne e cannella

Fa una torta di 23 cm/9

350 g/12 oz/1½ tazze di burro o margarina, ammorbidito

175 g/6 oz/¾ tazza di zucchero semolato (superfino)

3 uova

150 g/5 oz/1¼ tazze di farina autolievitante (autolievitante)

5 ml/1 cucchiaino di lievito per dolci

5 ml/1 cucchiaino di cannella in polvere

350 g/12 oz/2 tazze di zucchero a velo (confettieri), setacciato

5 ml/1 cucchiaino di scorza d'arancia finemente grattugiata

100 g/4 oz/1 tazza di nocciole, macinate grossolanamente

300 g/11 oz/1 barattolo medio di prugne, scolate

Sbattere metà del burro o della margarina e lo zucchero semolato fino a ottenere un composto chiaro e spumoso. Sbattere gradualmente le uova, quindi incorporare la farina, il lievito e la cannella. Mettere un cucchiaio in una tortiera quadrata da 23 cm/9 imburrata e foderata e cuocere in forno preriscaldato a 180°C/350°F/gas mark 4 per 40 minuti fino a quando uno stecchino inserito al centro non esce pulito. Togliete dallo stampo e lasciate raffreddare.

Sbattere il burro o la margarina rimanenti fino a renderli morbidi, quindi unire lo zucchero a velo e la scorza grattugiata dell'arancia. Tagliare la torta a metà orizzontalmente, quindi unire le due metà con due terzi della glassa. Distribuire la maggior parte della glassa rimanente sulla parte superiore e sui lati della torta. Premi le noci intorno ai lati della torta e disponi le prugne in modo attraente sopra. Distribuire la glassa rimanente in modo decorativo intorno al bordo superiore della torta.

Gâteau a strati di prugne

Fa uno 25 cm/10 in torta

Per la torta:

225 g/8 oz/1 tazza di burro o margarina

300 g/10 oz/2¼ tazze di zucchero semolato (superfino)

3 uova, separate

450 g/1 lb/4 tazze di farina normale (per tutti gli usi)

5 ml/1 cucchiaino di lievito per dolci

5 ml/1 cucchiaino di bicarbonato di sodio (bicarbonato di sodio)

5 ml/1 cucchiaino di cannella in polvere

5 ml/1 cucchiaino di noce moscata grattugiata

2,5 ml/½ cucchiaino di chiodi di garofano macinati

Un pizzico di sale

250 ml/8 fl oz/1 tazza di crema singola (leggera)

225 g/8 oz/11/3 tazze di prugne cotte snocciolate (snocciolate), tritate finemente

Per il ripieno:

250 ml/8 fl oz/1 tazza di crema singola (leggera)

100 g/4 oz/½ tazza di zucchero semolato (superfino)

3 tuorli d'uovo

225 g/8 oz/11/3 tazze di prugne cotte snocciolate (denocciolate)

30 ml/2 cucchiai di scorza d'arancia grattugiata

5 ml/1 cucchiaino di essenza di vaniglia (estratto)

50 g/2 oz/½ tazza di noci miste tritate

Per preparare la torta, sbattere insieme il burro o la margarina e lo zucchero. Incorporare gradualmente i tuorli, quindi incorporare la farina, il lievito, il bicarbonato, le spezie e il sale. Incorporare la panna e le prugne. Montare gli albumi a neve ben ferma, quindi incorporarli al composto. Versare in tre teglie (teglie) da 25 cm imburrate e infarinate e cuocere in forno preriscaldato a 180°C/350°F/gas mark 4 per 25 minuti fino a quando saranno ben lievitate ed elastiche al tatto. Lasciare raffreddare.

Mescolare tutti gli ingredienti del ripieno tranne le noci fino a quando non saranno ben amalgamati. Mettere in una padella e cuocere a fuoco basso fino a quando non si addensa, mescolando continuamente. Distribuire un terzo del ripieno sulla base della torta e cospargere con un terzo delle noci. Adagiate sopra la seconda torta e ricoprite con metà della glassa rimanente e metà delle restanti noci. Adagiate sopra la torta finale e spalmateci sopra la glassa rimanente e le noci.

Torta a righe arcobaleno

Per una torta di 18 cm/7

Per la torta:

100 g/4 oz/½ tazza di burro o margarina, ammorbidito

225 g/8 oz/1 tazza di zucchero semolato (superfino)

3 uova, separate

225 g/8 oz/2 tazze di farina normale (per tutti gli usi)

Un pizzico di sale

120 ml/4 fl oz/½ tazza di latte, più un po' extra

5 ml/1 cucchiaino di cremor tartaro

2,5 ml/½ cucchiaino di bicarbonato di sodio (bicarbonato di sodio)

Qualche goccia di essenza di limone (estratto)

Qualche goccia di colorante alimentare rosso

10 ml/2 cucchiaini di cacao (cioccolato non zuccherato) in polvere

Per il ripieno e la glassa (glassa):

225 g/8 oz/11/3 tazze di zucchero a velo (confettieri), setacciato

50 g/2 oz/¼ tazza di burro o margarina, ammorbidito

10 ml/2 cucchiaini di acqua calda

5 ml/1 cucchiaino di latte

2,5 ml/½ cucchiaino di essenza di vaniglia (estratto)

Fili di zucchero colorati per decorare

Per preparare la torta, sbattere insieme il burro o la margarina e lo zucchero fino a ottenere un composto chiaro e spumoso. Incorporare gradualmente i tuorli, quindi incorporare la farina e il sale alternando con il latte. Mescolare il cremor tartaro e il bicarbonato di sodio con un po' di latte in più, quindi incorporare al composto. Montare gli albumi a neve ben ferma, quindi incorporarli al composto aiutandosi con un cucchiaio di metallo. Dividere il composto in tre parti uguali. Mescolare l'essenza di limone nella prima ciotola, il colorante alimentare rosso nella seconda ciotola e il cacao nella terza ciotola. Versare il composto in tortiere (teglie) da 18 cm unte e foderate e cuocere in forno preriscaldato a 180°C/ 350°F/gas mark 4 per 25 minuti fino a doratura ed elastica al tatto. Lasciare raffreddare negli stampini per 5 minuti, quindi capovolgere su una gratella per completare il raffreddamento.

Per la glassa mettete lo zucchero a velo in una ciotola e fate un buco al centro. Incorporare gradualmente il burro o la margarina, l'acqua, il latte e l'essenza di vaniglia fino ad ottenere un composto spalmabile. Avvolgere le torte con un terzo del composto, quindi distribuire il resto sulla superficie e sui lati della torta, sgrossando la superficie con una forchetta. Cospargere la parte superiore con fili di zucchero colorati.

Gâteau St-Honoré

Fa uno 25 cm/10 in torta

Per la pasta choux (pasta):

50 g/2 oz/¼ tazza di burro non salato (dolce) o margarina

150 ml/¼ pt/2/3 tazza di latte

Un pizzico di sale

50 g/2 oz/½ tazza di farina (per tutti gli usi)

2 uova, leggermente sbattute

225 g/8 oz di pasta sfoglia

1 tuorlo d'uovo

Per il caramello:

225 g/6 oz/¾ tazza di zucchero semolato (superfino)

90 ml/6 cucchiai di acqua

Per il ripieno e la decorazione:

5 ml/1 cucchiaino di gelatina in polvere

15 ml/1 cucchiaio di acqua

1 quantità Glassa Crema Vaniglia

3 albumi d'uovo

175 g/6 oz/¾ tazza di zucchero semolato (superfino)

90 ml/6 cucchiai di acqua

Per fare la pasta choux (pasta), sciogliere il burro con il latte e il sale a fuoco basso. Portare rapidamente a ebollizione, quindi togliere dal fuoco e incorporare velocemente la farina e mescolare fino a quando la pasta non si stacca dalle pareti della padella. Lasciare raffreddare leggermente, quindi incorporare molto gradualmente le uova e continuare a sbattere fino a ottenere un composto liscio e lucido.

Stendete la pasta sfoglia in un cerchio di 26 cm/10½, adagiatela su una teglia unta (biscotto) e bucherellate con una forchetta. Trasferire la pasta choux in una sac a poche con bocchetta liscia da 1 cm (punta) e formare un cerchio intorno al bordo della pasta sfoglia. Fai un secondo cerchio a metà verso il centro. Su una teglia unta a parte, formare delle palline con la pasta choux rimanente. Spennellare tutta la pasta con il tuorlo d'uovo e cuocere in forno preriscaldato a 220°C/425°F/gas mark 7 per 12 minuti per le palline di bignè e 20 minuti per la base finché non saranno dorate e gonfie.

Per fare il caramello, sciogliere lo zucchero nell'acqua, quindi far bollire senza mescolare per circa 8 minuti a 160°C/ 320°F fino a ottenere un caramello chiaro. Spennellare l'anello esterno con il caramello, un po' alla volta. Immergere la metà superiore delle palline nel caramello, quindi premerle sul coppapasta esterno.

Per fare il ripieno, cospargere la gelatina sull'acqua in una ciotola e lasciare fino a renderla spugnosa. Metti la ciotola in una pentola di acqua calda e lascia che si dissolva. Lasciare raffreddare leggermente, quindi incorporare la crema alla vaniglia. Montare gli albumi a neve. Nel frattempo, fai bollire lo zucchero e l'acqua a 120 ° C / 250 ° F o fino a quando una goccia di acqua fredda non forma una palla dura. Incorporare gradualmente gli albumi, quindi continuare a sbattere finché non si raffreddano. Incorporare alla crema pasticcera. Versate la crema al centro della torta e fate raffreddare prima di servire.

Choux di fragole

Fa una torta di 23 cm/9

50 g/2 oz/¼ tazza di burro o margarina

150 ml/¼ pt/2/3 tazza di acqua

75 g/3 oz/1/3 tazza di farina (per tutti gli usi)

Un pizzico di sale

2 uova, leggermente sbattute

50 g/2 oz/1/3 tazza di zucchero a velo (confettieri), setacciato

300 ml/½ pt/1¼ tazze di panna doppia (pesante), montata

225 g/8 oz fragole, dimezzate

25 g/1 oz/¼ tazza di mandorle a scaglie (a scaglie)

Mettere il burro o la margarina e l'acqua in una padella e portare lentamente a ebollizione. Togliere dal fuoco e incorporare velocemente la farina e il sale. Sbattere gradualmente le uova fino a quando l'impasto è lucido e si stacca dalle pareti della padella. Mettere i cucchiai del composto in un cerchio su una teglia unta (biscotto) per formare una torta circolare e cuocere in forno preriscaldato a 220°C/425°F/gas mark 7 per 30 minuti fino a doratura. Lasciare raffreddare. Tagliate la torta a metà orizzontalmente. Montare lo zucchero a velo nella crema. Unire le metà a un panino con la panna, le fragole e le mandorle.

Gâteau di frutta alle fragole

Fa una torta di 20 cm/8 in

1 mela da cucina (crostata), sbucciata, privata del torsolo e tritata

25 g/1 oz/3 cucchiai di fichi secchi, tritati

25 g/1 oz/3 cucchiai di uvetta

75 g/3 oz/1/3 tazza di burro o margarina

2 uova

175 g/6 oz/1½ tazze di farina (per tutti gli usi)

5 ml/1 cucchiaino di lievito per dolci

30 ml/2 cucchiai di latte

225 g di fragole a fette

225 g/8 oz/1 tazza di formaggio fresco

Frullare le mele, i fichi, l'uvetta e il burro o la margarina fino a ottenere un composto chiaro e spumoso. Sbattere le uova, quindi incorporare la farina, il lievito e il latte quanto basta per ottenere un impasto morbido. Versare in una tortiera (stampo) di 20 cm/8 unta e infarinata e cuocere in forno preriscaldato a 180°C/350°F/gas mark 4 per 30 minuti fino a quando non si rassoda al tatto. Togliete dallo stampo e lasciate raffreddare. Tagliate la torta a metà orizzontalmente. Sandwich insieme alle fragole e al formaggio fresco.

Torta spagnola imbevuta di malaga

Fa una torta di 23 cm/9

8 uova

700 g/1½ lb/3 tazze di zucchero semolato

350 g/12 oz/3 tazze di farina normale (per tutti gli usi)

300 ml/½ pt/1¼ tazze di acqua

350 g/12 oz/1½ tazze di zucchero di canna morbido

400 ml/14 fl oz/1¾ tazze Malaga o vino liquoroso

cannella in polvere

Sbattere le uova e metà dello zucchero semolato in una ciotola resistente al calore posta su una pentola di acqua bollente fino a formare uno sciroppo denso. Aggiungere gradualmente la farina, mescolando continuamente. Versare in uno stampo quadrato da 23 cm/9 imburrato e infarinato e cuocere in forno preriscaldato a 190°C/375°F/gas mark 5 per 45 minuti fino a quando non diventa elastico al tatto. Lasciare raffreddare nello stampo per 5 minuti prima di sformare su una gratella per completare il raffreddamento.

Nel frattempo scaldare l'acqua in una padella e aggiungere il restante zucchero semolato e lo zucchero di canna. Cuocere a fuoco medio per circa 25 minuti fino ad ottenere uno sciroppo chiaro e denso. Togliete dal fuoco e lasciate raffreddare. Mescolare bene il Malaga o il vino. Versate lo sciroppo sulla torta e servite cosparso di cannella.

Torta di Natale

Fa una torta di 23 cm/9

350 g/12 oz/1½ tazze di burro o margarina, ammorbidito

350 g/12 oz/1½ tazze di zucchero di canna morbido

6 uova

450 g/1 lb/4 tazze di farina normale (per tutti gli usi)

Un pizzico di sale

5 ml/1 cucchiaino di spezie miste (torta di mele) macinate

225 g/8 oz/11/3 tazze di uvetta

450 g/1 lb/22/3 tazze di uva sultanina (uvetta dorata)

225 g/8 oz/11/3 tazze di ribes

175 g/6 oz/1 tazza di scorze miste (candite) tritate

50 g/2 oz/¼ tazza di ciliegie glacé (candite), tritate

100 g/4 oz/1 tazza di mandorle, tritate

30 ml/2 cucchiai di melassa nera (melassa)

45 ml/3 cucchiai di brandy

pasta di mandorle

Glassa reale

Sbattere insieme il burro o la margarina e lo zucchero fino a renderli morbidi, quindi sbattere le uova una alla volta. Incorporare la farina, il sale e le spezie, quindi mescolare tutti gli altri ingredienti. Versare in una tortiera da 23 cm imburrata e infarinata e infornare a 140°C/275°F/gas mark 1 per 6½ ore fino a quando uno stecchino inserito al centro non esce pulito. Lasciare raffreddare completamente, quindi avvolgere nella pellicola e conservare in un contenitore ermetico per almeno tre settimane prima di ricoprire con pasta di mandorle e decorare con ghiaccia reale, se piace.

Lightning Source UK Ltd.
Milton Keynes UK
UKHW021841250621
386185UK00002B/237